# La ruta hacia tu Libertad Financiera

## "Aprende a diseñar tu propia estrategia financiera"

# Índice

Estrategias para Ahorrar un Porcentaje Significativo de Ingresos: Inversión y Crecimiento de Patrimonio.

**Inversión y Crecimiento de Patrimonio**

Inversión Básica para Principiantes

Conceptos Fundamentales de Inversión

Diversificación y Tolerancia al Riesgo

**Opciones de Inversión**

Inversiones en el Mercado de Valores

Inmuebles como Inversión

Inversiones Alternativas: Criptomonedas, Crowdfunding, etc.

**Planificación de Jubilación**

Entendiendo las Cuentas de Jubilación (AFORES Y PLANES PERSONALES DE RETIRO.)

Estrategias para Jubilarse Antes de lo Habitual

**Generación de Ingresos Pasivos**

Construcción de Ingresos Pasivos

El emprendimiento como generación de ingresos


**Independencia Financiera a través de la Educación**

La Importancia de la Educación Financiera

Desarrollo de Habilidades para Incrementar Ingresos

# Introducción.

Mi generación, en términos generales, no tuvo una verdadera educación financiera. Nuestros objetivos de vida eran muy claros: ve a la universidad, estudia una carrera, entra a una empresa, gana tu sueldo seguro y jubílate a los 60 años.

Pero en el camino también las reglas sociales nos empujan a que, entre más ganas, debes gastar más para mostrar una mejor calidad de vida.

De hecho, tengo una gran historia de una plática que tuvimos unos amigos y yo casi saliendo de la universidad que muestra mucho este tema:

Mi amigo dijo que el alcohol era una gran referencia para conocer tu etapa económica; cuando estas en preparatoria o universidad, tomas lo que le puedes robar a tu papá de su cantina, cuando estas en tu primer trabajo o entras de becario a una empresa, tomas lo que te alcanza con tu poco sueldo y cuando ya tienes trabajo más formal, empiezas a tomar realmente lo que te gusta.

La verdad es que hoy, que estoy en mis cuarentas, puedo confirmar que sigue siendo verdad. Hay muchas personas que siguen midiendo su nivel económico con la colección de su cava de vinos, tequilas, mezcales o bebida de preferencia, cosa que, por supuesto, no tiene nada de malo.

El problema viene cuando se vuelve más importante mostrar ese nivel de vida, que realmente tenerlo. Al entrar a ese juego en donde la presión externa es por mantener ese nivel social, el mayor riesgo se da cuando te obliga a tomar decisiones que afectan tu estabilidad personal, y en lugar de tener una evolución, tanto económica como personal, te empiezas a endeudar y eso te lleva a poner en riesgo tu futuro al corto y al largo plazo.

Es un círculo vicioso del cual es muy difícil salir, si estas leyendo este libro y aún no entras en él, estas a tiempo de evitarlo, si ya estás en ese ciclo y te sientes identificado, espero este libro te sea de gran ayuda para dar el primer paso para salir.

En el 2018, por diferentes circunstancias personales y económicas, termine entrando al mundo de los seguros y las finanzas patrimoniales. Fue la primera vez, de manera consciente, que caí en cuenta de la importancia de mis finanzas personales y de cómo quería ver mi futuro.

Cuando estas joven, lo que menos te importa es pensar como será tu vida a las 40, falta mucho tiempo para eso. Sin embargo, es el mejor momento para pensarlo, planearlo y ejecutarlo.

Tengo más de 15 años en el mundo de los negocios, como emprendedor, como consultor, como estratega, docente y hasta empleado. En cada uno de ellos, he tenido momentos de abundancia y momentos de estar sin nada y tener que empezar de cero. Cuando descubrir este modelo que voy a mostrarte, me di cuenta, a mis cuarenta años, que todos los esfuerzos realizados en el pasado estaban dispersos, no habían tenido una estrategia clara y menos un objetivo claro. Quería emprender y tener un negocio ganar dinero, para tener una mejor calidad de vida, y cuando el dinero aparecía, compraba lo que en ese momento pensaba que significaba tener esa calidad de vida. Ahora veo que, de haberlo sabido, mi estrategia debió ser distinta.

La sociedad nos dice que tenemos que estudiar para dos objetivos puntuales: ya sea trabajar en una empresa, que es lo más común, o por otro lado, algo que desde hace algunos años está muy de moda: el desarrollar un emprendimiento, el crear una empresa.

No importa si tú quieres emprender o quieres ser un empleado de una empresa, las dos son válidas y son necesarias en la sociedad. Ambas tienen sus pros y sus contras. No todas las todas las personas tenemos perfiles de emprendedor ni todos tenemos el perfil de ser empleado.

La sociedad nos empuja cada a escoger cualquiera de las dos, sin embargo, una de los objetivos de este libro, es hacerte entender que cualquiera de los dos caminos es adecuado, cualquiera de los dos te puede llevar al mismo objetivo, pero lo más importante es que tú te conozcas, que sepas quién eres, y que por supuesto, sepas hacia dónde quieres llegar, que definas ese objetivo. Tanto el emprendimiento como el empleo son solamente opciones de caminos económicos y que pueden ser incluso trabajados a la par.

El problema es que nadie nos dice que sí existe una manera de definir claramente ese objetivo, que matemáticamente sí hay un número para cada persona que nos puede dar una verdadera libertad financiera, y que, si lo conoces y haces una estrategia adecuada, puedes alcanzarlo sin tener que esperarte a cumplir 60 años a que tu afore se libere.

Ya llevo más de 5 años ayudando a personas a, entre otras cosas, diseñar sus planes personales de retiro y te puedo decir sin equivocarme, que el modelo que quiero mostrarte en este libro, es el mejor modelo que he encontrado para dar una asesoría financiera más completa, entendible, eficiente y escalable.

Y lo mejor de todo, es que es completamente personalizado y adaptable a tus condiciones y necesidades.

Con este libro, quiero invitarte a crear tu propia estrategia financiera, dale un orden y definir un objetivo claro y alcanzable. Pero, sobre todo, a que todos tus esfuerzos profesionales y económicos estén enfocados.

Empecemos por contestar las siguientes preguntas:

¿Cómo sería tu vida si el dinero no fuera un problema?

El objetivo final de este libro es que puedas terminar de diseñar su propia estrategia de libertad financiera, para que logres tener una mejor calidad de vida, el objetivo es tener la vida que tú sueñas.

¿Qué significa para ti libertad financiera? Hemos escuchado mucho este concepto, pero ¿tienes claro su significado?

A veces confundimos la libertad financiera con ser millonario, y no necesariamente es lo mismo. Hay una tendencia en redes que nos dice que es bueno ser millonario y que el objetivo de tu vida debe ser tener mucho dinero, pero realmente ¿Cuál es la diferencia entre ser millonario y tener libertad financiera?

Existen muchas personas que tienen millones y no tienen una verdadera libertad. Si el tener mucho dinero te resolviera la vida, ¿Por qué la mayoría de las personas que se gana la lotería, al cabo de cierto tiempo, regresa a no tener nada? O ¿por qué existen muchos deportistas que durante su carrera generaron grandes cantidades de dinero, después de su retiro, tienen serios problemas económicos?

Por otro lado, uno de los problemas más comunes es que tomamos decisiones en la vida pensando sólo en el dinero. Conozco mucha gente de todas las edades, de 30 años, 40 años, 50 años, 60 años que dicen que no son felices porque toda su vida trabajaron y hoy no están haciendo lo que les gusta, o que nunca hicieron lo que me amaban realmente, por estar persiguiendo el dinero para sobrevivir. Eso no es tener libertad.

La libertad financiera se centra en encontrar el número suficiente de dinero que trabaje para ti y que te permita tomar las decisiones de tu vida, sin voltear a ver la cuenta de banco.

Algo increíble de este modelo, es que hoy puedes descubrir exactamente cuánto vale para ti esa libertad financiera y cuánto tiempo te va a costar el llegar a ella.

Pocas personas tienen la educación financiera suficiente, para pensar que es posible poder calcular ese número.

Vayamos por partes, La verdadera libertad financiera se refiere a encontrar el equilibrio en todos tus círculos personales, y que ninguna de tus decisiones se base en el costo o la necesidad de dinero. La libertad financiera implica que tú puedas invertir el tiempo que tienes en lo que amas sin la presión de que ese tiempo lo estás perdiendo para generar ingresos, que, si te quieres ir un año al otro lado del mundo al Tíbet a reencontrarte espiritualmente, tú sigas generando ingresos.

Cada uno podemos definir tanto el número, como el estilo de vida que queremos tener. Y, por supuesto, puede tardar más o menos tiempo, dependiendo de cada persona y sus necesidades.

Es lo que vamos les voy a ayudar el día de hoy a identificar tu número de libertad y que lo puedas poner como objetivo financiero de manera clara para que, así puedas empezar a tomar decisiones enfocadas a alcanzarlo desde hoy.

La mayoría de la gente no entiendo por qué los millonarios siempre se hacen más millonarios y los pobres siempre se hacen más pobres. Y la diferencia más importante es que los ricos saben invertir y los pobres saben gastar.

Hay un dicho muy común en México que dice que el que más trabaja, mejor le va en la vida, pero si eso fuera verdad, los albañiles y los agricultores serían los verdaderos millonarios.

En el mundo que vivimos, no es el número de horas que trabajes, sino la inteligencia con que trabajas, lo que determina tú éxito.

Cuando te dije anteriormente que el millonario invierte y la pobre gasta, no me refiero solo al dinero, sino al tiempo, que en mi punto de vista es mucho más valioso que el mismo dinero. Cada minuto que el millonario invierte le genera algo. Puede generarle dinero, aprendizaje, paz o incluso experiencias para el alma.

El ser pobre o millonario no es determinado por cuanto dinero tienes en la cuenta, si no con la manera en que sabes aprovechar tus recursos monetarios y tu recurso de tiempo.

Uno de los casos que a mí me encanta hablar es Jorge Vergara, que en paz descanse.

Empresario dueño, entre otras cosas, de las Chivas de Guadalajara, uno de los equipos más populares del futbol mexicano, y de Omnilife uno de los emporios más grandes de suplementos a nivel Latinoamérica.

Jorge en los años 80´s que se dedicaba a vender carnitas, vio una oportunidad en un negocio de suplementos donde lo invitaron a participar, empezó a vender casa por casa y a principios de los 90´s, creó su empresa con 10 empleados y para el 2002, solamente le bastó 10 años para comprar las Chivas, para comprar el equipo más tradicional del país.

Omnilfe hoy en día es un gran emporio a nivel mundial. Su legado es de miles de millones de dólares.

¿Cómo una persona que no tenía nada, que se dedicaba a vender carnitas, de repente se volvió uno de los empresarios más más importantes del país?

Él no era heredero de ningún millonario, él vendía carnitas en un puesto y se volvió millonario en menos de diez años. ¿Qué fue lo que hizo diferente?

No era la cantidad de dinero que generaba, era lo que hacía con la cantidad de dinero de generaba.

Este libro no es una fórmula para que te vuelvas millonario, es un modelo que te permite definir tu propia definición de libertad financiera, si en ese objetivo tú quieres volverte multimillonario, perfecto, claro que lo puedes lograr, lo importantes es que tengas claro ese objetivo y que estes dispuesto a trabajar para lograrlo.

Empecemos con lo más básico que necesitas entender, todo lo que les voy a mostrar en este libro está basado y adaptado de una metodología que se llama F.I.R.E. que significa Independencia Financiera, Retiro Temprano (Financial Independence, Retire Early en inglés.

Movimiento que nació en Estados Unidos en los años 90´S y que explicaré un poco más adelante, y que te permite lograr tu libertad financiera, si lo haces de manera moderada, en un promedio de entre 10 y 15 años a partir de lo que empieces a ejecutar.

Lo interesante de ella es que tiene una estrategia, tiene un objetivo y tiene pasos claros que te pueden llevar a lograr ese objetivo de manera sistemática. Esto no es un azar, es aprender a tener una cultura financiera que te permita tomar decisiones claras y enfocadas.

El objetivo de este libro es educarte ayudarte y llevarte de la mano en pasos bien definidos para que puedas llevar a cabo esta estrategia y que puedas lograr, en un tiempo récord, esa libertad financiera.

Primero tienes que definir cuánto cuesta tu vida, si tú no sabes dónde estás parado, definitivamente no vas a poder avanzar. Y para eso lo que tenemos que hacer es matemáticas básicas.

Realiza un análisis personal y contesta con sinceridad los siguientes conceptos. Realiza los cálculos de manera mensual y luego multiplícalo por 12, de tal manera que puedas tener esos números de manera anual, que es más fácil para proyectar.

En caso de los gastos e ingresos variables, lo ideal es hacer un promedio del último año para que puedas tener un panorama más exacto. En general, en estos gastos variables, es donde más podemos encontrar sorpresas y donde más podemos entender el por qué tenemos el estilo de vida que tenemos, para bien o para mal.

## ¿CUÁNTO CUESTA TU ESTILO DE VIDA?

| | |
|---|---|
| **GASTOS ES FIJOS** | |
| **GASTOS VARIABLES** | |
| **INGRESOS FIJOS** | |
| **INGRESOS VARIABLES** | |
| **¿CUÁNTO TE SOBRA?** | |

Si al final de este análisis, el número final es negativo, hoy es el día de empezar a cambiar muchas cosas, y este libro te puede apoyar.

Si tu número es positivo, felicidades, este libro te puede ayudar a que ese número se pueda multiplicar con el tiempo.

Para sacar el costo de tu estilo de vida actual, suma tus gastos fijos más tus gastos variables y multiplícalo por 12. Ese número te va a dar como resultado el costo real de tu estilo de vida de hoy de manera anual.

Ten a la mano ese número porque lo vamos a ocupar constantemente.

Ahora vamos a hablar de Cómo debemos de calcular este número de Libertad.

El poder entender cuál debe ser mi objetivo personal para alcanzar mi libertad financiera y encontrar este número lo primero que debemos de tener claro es mi estilo de vida.

Por ejemplo, si en mi ejercicio anterior me di cuenta que mi estilo de vida cuesta $40,000 pesos mensuales, eso implica que anualmente me cuesta $480,000 pesos. Para yo poder tener una libertad financiera, el número de libertad que debo alcanzar, debe ser suficiente para que, por sí sólo, me genere por lo menos esa cantidad de manera anual.

Para poder calcular es número sigue la siguiente formula:

Tu estilo de vida mensual lo tienes que multiplicar por 12, para así tener tu costo de tu estilo de vida de manera. Anual una vez que tienes tu costo anual, lo multiplicas por 25 y el resultado será el número mágico para encontrar la libertad financiera.

**TU NÚMERO DE LIBERTAD.**

# FÓRMULA DE LIBERTAD

COSTO DE TU ESTILO DE VIDA MENSUAL

X 12

RESULTADO X 25

# = TU NÚMERO DE LIBERTAD

18

Pero ¿por qué ese número?

Como mencionamos, el concepto de libertad financiera implica que tu capital pague tu estilo de vida sin que tú, necesariamente, hagas alguna actividad económica.

Por lo tanto, si tu logras alcanzar un capital de 25 años tu estilo de vida, y ese capital lo inviertes adecuadamente y logras que, por lo menos, te genere 10% de rendimiento anual, esos rendimientos son iguales a el doble de tus gastos. Por lo que tendrás dinero suficiente para tu estilo de vida, y flujo de efectivo para tus gastos variables o gustos culposos. Todo esto sin poner en riesgo tu futuro.

Si bien el número puede verse imposible, la realidad es que con una buena estrategia es factible de alcanzarlo en 10 o 15 años. Pero esto es como un Maratón, no quieras correr 42 kilómetros antes de empezar a caminar.

El objetivo de este libro, es que puedas obtener los conocimientos y las herramientas necesarias para que tu puedas generar tu propia estrategia, definas tu propio objetivo personal y que todo esto esté adaptado a tus circunstancias y realidades personales.

Además de que existen diferentes niveles y objetivos intermedios que te ayudarán a motivarte y analizar tu avance.

Es momento de arrancar, por favor no dudes en contactarme por mis redes sociales en cualquier comento para contarme tus experiencias y dudas en este camino.

Me encantará saber de ti.

¿Estas listo para dar tu primer paso?

Vamos a dar comienzo a tu camino.


Miguel Carderi.

@Miguelcarderi (en todas mis redes sociales)

# Tu ruta hacia la Independencia Financiera

## ¿Qué es el Movimiento F.I.R.E.?

El Movimiento F.I.R.E., que significa Independencia Financiera, Retiro Temprano (Financial Independence, Retire Early en inglés), es un enfoque financiero y de estilo de vida que ha ganado popularidad en los últimos años. Se basa en la premisa de lograr la independencia financiera lo suficientemente temprano en la vida como para tener la opción de retirarse antes de la edad tradicional de jubilación. El objetivo central del Movimiento F.I.R.E. es obtener la libertad de decidir cómo pasar el tiempo, priorizando la realización personal y el disfrute en lugar de verse obligado a trabajar para cubrir gastos básicos.

## Principios Fundamentales del Movimiento F.I.R.E.:

**Independencia Financiera:** El primer pilar del Movimiento F.I.R.E. es alcanzar la independencia financiera, lo que implica tener suficientes ahorros e inversiones para cubrir todos los gastos esenciales y deseables sin depender de un empleo de tiempo completo.

**Retiro Temprano**: La meta es retirarse de la carrera tradicional antes de la edad convencional de jubilación, que generalmente se sitúa en torno a los 65 años. Los seguidores del Movimiento

F.I.R.E. buscan dejar de trabajar para vivir de manera más libre y enfocada en sus pasiones y prioridades.

**Ahorro y Eficiencia**: Los adeptos del F.I.R.E. enfatizan un alto nivel de ahorro y una vida frugal, priorizando el control de gastos y la inversión inteligente para acelerar el proceso de construcción de riqueza.

**Inversión Estratégica:** La inversión es un componente esencial en el Movimiento F.I.R.E. Los seguidores buscan invertir sus ahorros en vehículos financieros que generen ingresos pasivos y crecimiento a lo largo del tiempo, con el objetivo de aumentar su patrimonio neto.

**Estilo de Vida Basado en Valores:** El Movimiento F.I.R.E. no se trata simplemente de dejar de trabajar; se trata de vivir de acuerdo con los valores personales y disfrutar de la vida de manera significativa. La prioridad se pone en experiencias y relaciones en lugar de la acumulación material.

**Flexibilidad y Opciones:** La Independencia Financiera brinda opciones. Los seguidores del Movimiento F.I.R.E. pueden optar por trabajar en trabajos que les apasionen, emprender proyectos personales o dedicar tiempo a actividades significativas sin la preocupación constante por el dinero.

Planificación Financiera Rigurosa: Lograr la Independencia Financiera temprana requiere una planificación financiera meticulosa. Esto incluye la creación de presupuestos, establecimiento de metas financieras, seguimiento de progresos y adaptación constante.

## Críticas y Desafíos:

Aunque el Movimiento F.I.R.E. ha inspirado a muchas personas a tomar el control de sus finanzas y buscar una vida más significativa, también ha sido objeto de críticas. Algunos argumentan que el enfoque extremo en la frugalidad puede llevar a una calidad de vida reducida o a la negación de experiencias en el presente. Además, no todos tienen la capacidad de alcanzar la Independencia Financiera temprana debido a diversas circunstancias.

El Movimiento F.I.R.E. es un enfoque que busca la independencia financiera y el retiro temprano a través del ahorro, la inversión inteligente y un estilo de vida consciente. Si bien no es adecuado para todos, sus principios pueden inspirar a las personas a reflexionar sobre cómo manejan sus finanzas y cómo desean diseñar su futuro financiero y personal.

El evitar ese concepto extremo, y el poder adaptar y aterrizar esta gran herramienta para que cualquier persona tenga una guía que seguir y mejorar su calidad de vida, es el motivante principal de este libro.

## Beneficios de Buscar la Libertad Financiera

Buscar la Independencia Financiera es más que un simple objetivo económico; es un camino hacia la libertad, la paz mental y la realización personal. Este enfoque financiero revolucionario ha capturado la atención de muchas personas en todo el mundo debido a los diversos beneficios que ofrece. Aquí, exploraremos en profundidad los principales beneficios de buscar la Independencia Financiera.

### 1. Libertad de Elección:

Uno de los aspectos más poderosos de alcanzar la Independencia Financiera es la libertad de elección que brinda. Cuando no dependes de un salario para cubrir tus necesidades básicas, tienes la capacidad de tomar decisiones que estén alineadas con tus valores y deseos. Puedes optar por trabajar en proyectos que realmente te apasionen o tomar tiempo libre para explorar nuevos intereses sin la presión financiera constante.

### 2. Reducción del Estrés Financiero:

Las preocupaciones financieras son una fuente significativa de estrés en la vida moderna. Buscar la Independencia Financiera disminuye drásticamente este estrés al proporcionarte la seguridad de que puedes enfrentar desafíos financieros inesperados. La tranquilidad de tener un fondo de emergencia y la capacidad de cubrir gastos esenciales sin problemas aumenta tu bienestar general y reduce la ansiedad.

3. Enfoque en la Realización Personal:

Cuando estás libre de la obligación de trabajar solo para ganar dinero, puedes dedicar tiempo y energía a actividades que realmente te importan. La Independencia Financiera te permite perseguir pasiones y proyectos personales, lo que conduce a una mayor sensación de realización y significado en la vida. Puedes invertir en tu crecimiento personal y en actividades que te brinden alegría y satisfacción.

4. Flexibilidad Laboral:

Con la Independencia Financiera, no estás atrapado en una carrera tradicional simplemente para mantener tu nivel de vida. Esto significa que puedes explorar trabajos que te interesen sin preocuparte por los salarios. Puedes perseguir empleos que te brinden satisfacción personal, incluso si no son los más lucrativos, lo que lleva a una mayor satisfacción en tu vida laboral.

## 5. Posibilidad de Jubilación Temprana:

Al alcanzar la Independencia Financiera, puedes disfrutar de la jubilación cuando aún eres joven y enérgico. Esto te brinda la oportunidad de viajar, pasar tiempo con la familia y amigos, y perseguir actividades que antes podrían haber sido relegadas a un "después de la jubilación".

## 6. Autonomía y Control:

La Independencia Financiera te otorga un nivel significativo de autonomía y control sobre tus decisiones financieras. Puedes establecer tus propias metas, crear un plan financiero personalizado y tomar decisiones basadas en tus valores y objetivos en lugar de seguir la corriente de las expectativas sociales o laborales.

## 7. Contribución a Causas Significativas:

Cuando no estás preocupado constantemente por tus propias necesidades financieras, puedes desempeñar un papel más activo en la comunidad y en causas que te apasionan. La Independencia Financiera te permite ser más generoso y contribuir a causas sociales, lo que puede ser increíblemente gratificante y enriquecedor.

8. Mayor Bienestar Mental y Emocional:

La paz mental que acompaña a la Independencia Financiera es invaluable. Al no estar constantemente preocupado por el dinero, puedes concentrarte en tu bienestar emocional y mental. Esto puede llevar a una mayor felicidad general y una mejor calidad de vida.

9. Capacidad para Afrontar Crisis:

Contar con ahorros sólidos y un enfoque prudente en las finanzas te brinda una red de seguridad en momentos de crisis. Tener la capacidad de enfrentar desafíos financieros inesperados sin caer en el pánico es un beneficio invaluable de buscar la Independencia Financiera.

10. Legado y Herencia:

La Libertad Financiera te brinda la oportunidad de crear un legado financiero para tus seres queridos o para causas en las que crees. Puedes dejar un impacto duradero en las generaciones futuras o en la sociedad en general.

Buscar la Libertad Financiera es una decisión que va más allá de la acumulación de riqueza. Ofrece una gama completa de beneficios que mejoran la calidad de vida, liberan de las tensiones financieras y permiten una realización personal profunda. Es un viaje hacia la autonomía, la autenticidad y la posibilidad de vivir una vida de acuerdo con tus propias reglas y aspiraciones.

# Fundamentos Financieros Básicos

### Entendiendo tus Finanzas Actuales

Es esencial tener un sólido entendimiento de los fundamentos financieros básicos. Antes de elaborar estrategias de ahorro e inversión, es crucial evaluar y comprender tu situación financiera actual. Esta etapa inicial sienta las bases para tomar decisiones informadas y establecer metas realistas.

### Evaluar Ingresos y Gastos:

El primer paso en la comprensión de tus finanzas es tener una visión clara de tus ingresos y gastos. Examina tus fuentes de ingresos, que pueden incluir salarios, ingresos secundarios y dividendos. Luego, desglosa tus gastos en categorías como vivienda, alimentos, transporte, entretenimiento y deudas. Esto te proporcionará una visión completa de cómo estás utilizando tus ingresos y dónde podrías hacer ajustes.

### Creación de un Balance Personal:

El balance personal es una instantánea de tu situación financiera en un momento dado. Resta tus pasivos (deudas) de tus activos (propiedades, inversiones, ahorros) para determinar tu patrimonio neto. Un balance positivo indica que estás acumulando riqueza, mientras que un balance negativo podría indicar la necesidad de reducir deudas y mejorar tu situación financiera.

Presupuesto y Control de Gastos:

El presupuesto es una herramienta esencial para controlar tus finanzas. Establece límites claros para cada categoría de gastos y sigue un enfoque de "gastar menos de lo que ganas". Un presupuesto disciplinado te permite asignar fondos para ahorro e inversión, lo que es crucial en la búsqueda de la Independencia Financiera.

Reserva de Emergencia:

Antes de adentrarte en la inversión, asegúrate de construir una reserva de emergencia. Esto es un fondo de ahorro destinado a cubrir gastos inesperados, como reparaciones de emergencia o pérdida de empleo. La reserva debe contener al menos tres a seis meses de gastos esenciales para brindarte seguridad financiera en tiempos difíciles.

Deudas y Pagos de Intereses:

Evalúa tus deudas y entiende los términos y tasas de interés asociados. Prioriza el pago de deudas de alta tasa de interés, como tarjetas de crédito, ya que los pagos de intereses pueden consumir una parte significativa de tus ingresos. La eliminación gradual de las deudas te permitirá liberar más fondos para el ahorro y la inversión.

Inversión en Educación Financiera:

No subestimes la importancia de educarte en el ámbito financiero. Familiarízate con conceptos como diversificación, riesgo y rendimiento. Explora libros, cursos en línea y recursos disponibles para mejorar tus habilidades y conocimientos financieros.

Establecimiento de Metas Financieras:

Una vez que hayas evaluado tus finanzas actuales, es el momento de establecer metas financieras claras y alcanzables. Define metas a corto plazo (1-2 años), metas a mediano plazo (3-5 años) y metas a largo plazo (10 años o más). Estas metas deben ser específicas, medibles, alcanzables, relevantes y limitadas en el tiempo (metas SMART).

Seguimiento y Ajuste Continuo:

Mantén un seguimiento constante de tus finanzas y realiza ajustes según sea necesario. Revisa tu presupuesto regularmente, observa tus progresos hacia tus metas y adapta tus estrategias si las circunstancias cambian.

Antes de embarcarte en el viaje hacia la Libertad Financiera, es importante entender tus finanzas actuales. Evalúa tus ingresos, gastos, deudas y activos para crear una imagen completa de tu situación financiera. Construye un presupuesto, crea una reserva de emergencia y educa a ti mismo en conceptos financieros clave. Establece metas financieras realistas y sigue un enfoque disciplinado hacia el ahorro y la inversión. El entendimiento sólido de tus fundamentos financieros básicos te proporciona el cimiento necesario para construir un futuro financiero sólido.

## Evaluación de Ingresos y Gastos

La evaluación detallada de tus ingresos y gastos es un paso crucial en el camino hacia la libertad financiera. Esta evaluación te proporciona una visión clara de cómo manejas tus recursos financieros y te ayuda a tomar decisiones informadas para mejorar tu situación económica. Al comprender cómo fluye el dinero dentro y fuera de tu vida, puedes identificar áreas de mejora y oportunidades para ahorrar e invertir de manera más efectiva.

Ingresos: Conociendo tus Fuentes de Ingresos

Comprender tus fuentes de ingresos es el primer paso para evaluar tus finanzas. Esto incluye tu salario principal, ingresos secundarios como trabajos a tiempo parcial o freelancing, dividendos de inversiones y cualquier otra fuente de ingresos. Haz una lista detallada de todas tus fuentes de ingresos y suma el total mensual. Esto te brinda una imagen clara de cuánto dinero estás generando regularmente.

Gastos: La Importancia de un Análisis Detallado

La evaluación de gastos implica un desglose minucioso de cómo gastas tu dinero. Divide tus gastos en categorías como vivienda, alimentos, transporte, seguros, entretenimiento, deudas y otros. Puede ser útil utilizar extractos bancarios y recibos para obtener una imagen precisa. Este análisis te ayuda a comprender dónde se destina la mayor parte de tu dinero y dónde podrías hacer ajustes para mejorar tu situación financiera.

Identificar Gastos Discrecionales y No Discrecionales

Una vez que hayas dividido tus gastos en categorías, identifica cuáles son gastos necesarios (no discrecionales) y cuáles son opcionales (discrecionales). Los gastos no discrecionales, como la vivienda y los servicios públicos, son esenciales y difíciles de reducir drásticamente. Por otro lado, los gastos discrecionales, como entretenimiento y compras impulsivas, a menudo pueden ser áreas donde se pueden hacer recortes.

Análisis de Patrones de Gastos y Prioridades

Examinar tus patrones de gastos a lo largo del tiempo puede revelar información valiosa. ¿Hay áreas en las que constantemente gastas más de lo necesario? ¿Estás priorizando ciertos gastos sobre otros de manera consciente? Al comprender tus patrones de gastos, puedes ajustar tus prioridades para alinearte mejor con tus objetivos financieros.

## Identificación de Oportunidades de Ahorro e Inversión

La evaluación de ingresos y gastos no se trata solo de conocer tus números, sino de tomar medidas basadas en esa información. Al analizar tus gastos, puedes identificar áreas donde podrías reducir costos. Esto puede incluir renegociar contratos, reducir gastos innecesarios o evitar compras impulsivas. Los fondos liberados a través de estas acciones pueden destinarse a ahorros e inversiones, acelerando tu camino hacia la independencia financiera.

## Establecer un Presupuesto y Metas Financieras

Una vez que hayas evaluado tus ingresos y gastos, es fundamental establecer un presupuesto realista. Un presupuesto te permite asignar cantidades específicas a cada categoría de gastos y te ayuda a mantener el control sobre tus finanzas. Además, este análisis puede ayudarte a establecer metas financieras concretas, como pagar deudas, ahorrar para un fondo de emergencia y destinar fondos a inversiones.

## Creación de un Balance Personal

La creación de un balance personal es una herramienta fundamental en la gestión financiera responsable y en el camino hacia la independencia financiera. Un balance personal, también conocido como estado de situación financiera, proporciona una instantánea clara de tu situación financiera en un momento determinado. Este proceso de evaluación te ayuda a entender tu patrimonio neto, es decir, la diferencia entre tus activos y tus pasivos. Esta comprensión es crucial para tomar decisiones financieras informadas y establecer metas realistas.

Entendiendo los Componentes del Balance Personal:

Un balance personal se compone de dos partes principales: activos y pasivos. Los activos son todas las posesiones y propiedades que posees, desde cuentas bancarias, inversiones y bienes raíces hasta objetos de valor como automóviles y joyas. Los pasivos, por otro lado, son las deudas y obligaciones financieras que tienes, como préstamos estudiantiles, hipotecas y saldos de tarjetas de crédito.

Cálculo del Patrimonio Neto:

El patrimonio neto es el valor resultante de restar tus pasivos totales de tus activos totales. Un patrimonio neto positivo indica que tus activos superan tus deudas, lo que es una señal de salud financiera. Por otro lado, un patrimonio neto negativo indica que tus deudas superan tus activos, lo que puede requerir una atención especial para mejorar tu situación financiera.

Importancia de la Creación de un Balance Personal:

Toma de Decisiones Informadas: La creación de un balance personal te proporciona información clave para tomar decisiones financieras informadas. Saber cuánto vales en términos de activos netos te permite comprender cuánto tienes disponible para alcanzar objetivos como la inversión y la planificación de jubilación.

Identificación de Fortalezas y Debilidades:

Al analizar tu balance personal, puedes identificar áreas en las que estás prosperando financieramente y áreas donde puedes necesitar ajustes. Esto te permite enfocarte en fortalecer tus activos y reducir tus pasivos.

Monitoreo del Progreso:

Crear un balance personal es una instantánea en el tiempo, pero también puede ser una herramienta para monitorear tu progreso a lo largo del tiempo. Puedes actualizar tu balance regularmente para rastrear cómo tus activos y pasivos evolucionan a medida que implementas estrategias financieras.

Planificación Financiera: Un balance personal sólido te ayuda a planificar tus finanzas futuras. Puedes establecer metas claras para aumentar tu patrimonio neto, reducir deudas y alcanzar objetivos financieros a corto y largo plazo.

Preparación para Emergencias: Conocer tu patrimonio neto te brinda una visión realista de cuántos recursos tienes disponibles en caso de emergencia. Siempre es recomendable tener un fondo de emergencia, y un balance personal te muestra cuánto puedes destinar a esta reserva.

Pasos para Crear un Balance Personal:

Enumera tus Activos: Haz una lista de todos tus activos, desde cuentas bancarias y inversiones hasta bienes inmuebles y objetos de valor.

Enumera tus Pasivos: Haz una lista de todas tus deudas y obligaciones financieras, incluyendo préstamos, hipotecas y saldos de tarjetas de crédito.

Calcula tu Patrimonio Neto: Resta tus pasivos totales de tus activos totales para calcular tu patrimonio neto.

Analiza los Resultados: Evalúa tu patrimonio neto para comprender tu situación financiera. Identifica áreas donde puedas mejorar y establece objetivos claros para tus finanzas.

Actualiza Regularmente: A medida que tu situación financiera cambie, actualiza tu balance personal para reflejar los cambios en tus activos y pasivos.

La creación de un balance personal es una herramienta esencial en la gestión financiera. Te brinda una imagen clara de tu patrimonio neto y te ayuda a tomar decisiones informadas sobre cómo administrar y mejorar tus finanzas. Al comprender tus activos y pasivos, puedes planificar tu futuro financiero de manera efectiva y acercarte cada vez más a la independencia financiera.

# Establecimiento de Objetivos Financieros

Definición de Metas a Corto, Mediano y Largo Plazo

El establecimiento de objetivos financieros es una parte esencial de cualquier plan financiero sólido. Define la dirección que deseas tomar con tu dinero y te brinda un enfoque estratégico para alcanzar tus metas financieras. Para maximizar tus posibilidades de éxito financiero y acercarte a la independencia económica, es crucial establecer metas a corto, mediano y largo plazo.

Importancia del Establecimiento de Objetivos Financieros:

Establecer objetivos financieros proporciona claridad y propósito a tus acciones financieras. Aquí hay algunas razones por las que es tan importante:

Enfoque y Dirección: Los objetivos financieros te dan una dirección clara y te ayudan a mantener el enfoque en lo que realmente importa en tus finanzas.

Motivación: Tener objetivos te motiva a tomar decisiones financieras informadas y a hacer sacrificios en el presente para lograr recompensas a largo plazo.

Medición de Progreso: Los objetivos actúan como puntos de referencia para medir tu progreso financiero. Puedes ver cuánto has avanzado y ajustar tus estrategias si es necesario.

Control y Disciplina: Definir metas te ayuda a ejercer autocontrol y disciplina en tus gastos y ahorros, ya que tomas decisiones considerando cómo afectarán tus objetivos.

Planificación Efectiva: Los objetivos te permiten planificar tu futuro financiero de manera efectiva. Puedes asignar recursos y crear estrategias que te acerquen a tus metas.

Metas a Corto, Mediano y Largo Plazo:

Metas a Corto Plazo: Estas son metas que puedes lograr en un período de tiempo relativamente breve, generalmente dentro de un año. Ejemplos de metas a corto plazo podrían ser ahorrar para unas vacaciones, crear un fondo de emergencia o pagar una deuda pequeña.

Metas a Mediano Plazo: Estas metas se ubican en un horizonte de tiempo de tres a cinco años. Pueden incluir comprar un automóvil, pagar deudas más sustanciales, realizar mejoras en el hogar o invertir en educación adicional.

Metas a Largo Plazo: Estas son metas que planeas lograr en un período de tiempo de más de cinco años. Ejemplos de metas a largo plazo incluyen la jubilación temprana, comprar una vivienda, acumular suficiente riqueza para vivir cómodamente o crear un legado financiero.

Pasos para Definir Metas Financieras:

Visualiza tus Metas: Imagina cómo te gustaría que sea tu futuro financiero. ¿Dónde te ves en uno, cinco o diez años? Visualiza tus sueños y aspiraciones.

Sé Específico: Formula tus metas de manera específica y concreta. En lugar de decir "quiero ahorrar más dinero", establece una meta como "quiero ahorrar $10,000 para un viaje el próximo año".

Hazlas Medibles: Asegúrate de que tus metas sean medibles. Esto significa que puedas cuantificar tu progreso y éxito a lo largo del tiempo.

Establece Plazos Realistas: Asigna plazos realistas a tus metas. Esto te ayudará a mantenerte enfocado y a planificar tus esfuerzos a lo largo del tiempo.

Prioriza tus Metas: Si tienes múltiples metas financieras, clasifícalas por importancia y urgencia. Esto te ayuda a concentrarte en las más cruciales primero.

Desarrolla un Plan de Acción: Crea un plan detallado para cada meta. Define los pasos específicos que tomarás para lograrla y asigna recursos.

Revise y Ajusta: Revisa tus metas periódicamente y haz ajustes según sea necesario. Las circunstancias cambian y tus objetivos deben ser flexibles.

Establecer objetivos financieros a corto, mediano y largo plazo es esencial para alcanzar la independencia financiera y crear un futuro económico sólido. Tus metas te dan enfoque, motivación y un marco para tomar decisiones informadas. Al planificar y trabajar hacia tus metas financieras, estás dando pasos concretos hacia un futuro financiero exitoso y cumpliendo tus sueños financieros.

## Cómo Establecer Metas Financieras SMART

Un componente esencial es establecer metas financieras SMART, un acrónimo que significa Específicas, Medibles, Alcanzables, Relevantes y Limitadas en el Tiempo. Estas metas bien definidas y enfocadas te ayudarán a crear un plan financiero sólido y a avanzar hacia la libertad financiera.

### Específicas (Specific):

Las metas financieras SMART deben ser específicas y bien definidas. Esto significa que debes ser claro sobre qué exactamente deseas lograr. En lugar de decir "quiero ahorrar dinero", una meta específica podría ser "quiero ahorrar $15,000 para el fondo de emergencia en los próximos 12 meses". Ser específico te proporciona un objetivo concreto en el que puedes enfocarte.

### Medibles (Measurable):

Las metas financieras deben ser medibles para que puedas rastrear tu progreso y éxito. Definir indicadores cuantificables te permite evaluar tu avance en función de números tangibles. En lugar de simplemente decir "quiero reducir mis deudas", establece un objetivo medible como "quiero reducir mis deudas en un 20% en los próximos dos años".

Alcanzables (Achievable):

Es importante que las metas sean realistas y alcanzables. Establecer metas irrazonables puede llevar a la frustración y la desmotivación. Considera tus circunstancias actuales, recursos y restricciones al definir tus metas. Por ejemplo, si estás trabajando con un ingreso limitado, establecer una meta de inversión muy alta podría no ser realista en un corto período.

Relevantes (Relevant):

Tus metas financieras deben ser relevantes y alineadas con tus objetivos generales. Deben tener un propósito y contribuir a tu camino hacia la independencia financiera. Evalúa si una meta encaja en tu visión a largo plazo y si realmente te acerca a tus objetivos financieros.

Limitadas en el Tiempo (Time-Bound):

Definir plazos para tus metas financieras es esencial para mantener un sentido de urgencia y responsabilidad. Sin un plazo límite, las metas tienden a diluirse en el tiempo. Establecer un plazo te obliga a tomar medidas concretas. Por ejemplo, en lugar de decir "quiero invertir en acciones", establece "quiero invertir $5,000 en acciones en los próximos seis meses".

# Importancia del Ahorro inteligente.

El Rol del Ahorro:

El ahorro juega un papel crítico en este modelo, ya que permite acumular suficiente riqueza para alcanzar la independencia financiera y, en última instancia, retirarse temprano. Aquí se destacan algunas razones clave por las que el ahorro es tan esencial en este modelo:

Creación de Capital: El ahorro constante y disciplinado te permite acumular capital con el tiempo. Este capital se convierte en el activo que te permitirá generar ingresos pasivos y alcanzar tus objetivos de independencia financiera.

Reducción de Gastos: Ahorrar implica gastar conscientemente menos de lo que ganas. Esto no solo te ayuda a acumular riqueza, sino que también fomenta hábitos de gasto responsables y eficientes.

Inversión Estratégica: El ahorro proporciona el capital necesario para realizar inversiones estratégicas que puedan generar rendimientos a lo largo del tiempo. Invertir tus ahorros de manera inteligente puede acelerar tu camino hacia la independencia financiera.

Capacidad de Afrontar Emergencias: Tener ahorros sólidos te brinda la capacidad de afrontar emergencias financieras sin recurrir a deudas. Un fondo de emergencia bien financiado es esencial para mantener la estabilidad financiera.

Estrategias para Ahorrar:

Ahorro Agresivo: Los seguidores de F.I.R.E. a menudo adoptan una mentalidad de ahorro agresivo, destinando una parte significativa de sus ingresos al ahorro e inversión. Algunos incluso pueden llegar a ahorrar el 50% o más de sus ingresos. Sin embargo, esto es algo que tu debes de definir según tus circunstancias personales, recordando que, a mayor monto de ahorro, menos tiempo de espera para lograr tus metas.

Control de Gastos: Una parte importante del ahorro es el control de gastos. Esto implica evaluar constantemente tus gastos y reducir o eliminar los que no contribuyen a tus objetivos financieros.

Ingresos Adicionales: Además de ahorrar de tus ingresos regulares, buscar fuentes de ingresos adicionales puede acelerar tu capacidad de ahorro. Esto podría incluir trabajos a tiempo parcial, proyectos freelance o ingresos pasivos de inversiones.

Automatización del Ahorro: Automatizar tus contribuciones de ahorro e inversión es una forma efectiva de garantizar que estás cumpliendo con tus objetivos financieros sin tener que pensar en ello constantemente.

¿Cómo el Ahorro Conduce a la libertad Financiera y el Retiro Temprano?

La libertad financiera se alcanza cuando tus activos generan suficientes ingresos pasivos para cubrir tus gastos. El ahorro constante y la inversión estratégica juegan un papel clave en este proceso:

Acumulación de Capital: El ahorro constante te permite acumular capital a lo largo del tiempo. Este capital puede invertirse en activos que generen ingresos pasivos, como inversiones en acciones, bienes raíces o negocios.

Generación de Ingresos Pasivos: A medida que acumulas activos e inviertes sabiamente, estos generan ingresos pasivos en forma de dividendos, alquileres u otros rendimientos. Con el tiempo, estos ingresos pueden cubrir tus gastos.

Libertad para Retirarte Temprano: Cuando tus ingresos pasivos superan tus gastos, tienes la libertad de retirarte temprano si así lo deseas. No estás atado a un trabajo tradicional y puedes dedicar tu tiempo a actividades que te apasionan.

Flexibilidad y Oportunidades: La independencia financiera te brinda la flexibilidad de elegir cómo deseas gastar tu tiempo y energía. Puedes explorar nuevas oportunidades, emprender proyectos creativos o simplemente disfrutar de la vida sin preocupaciones financieras.

El ahorro o desempeña un papel crucial al permitirte acumular capital, es la piedra angular para poder invertir estratégicamente y eventualmente alcanzar la libertad financiera y el retiro temprano. Mediante el ahorro disciplinado y la planificación financiera, puedes construir tu camino y tener el control sobre tu futuro económico y tu calidad de vida.

**Estrategias para Ahorrar un Porcentaje Significativo de Ingresos: Inversión y Crecimiento de Patrimonio.**

Aquí, exploraremos algunas estrategias clave para lograr tus objetivos financieros.

1. Establece un Presupuesto Riguroso:

Un presupuesto sólido es la base de cualquier estrategia de ahorro exitosa. Comienza por realizar un seguimiento detallado de tus ingresos y gastos para comprender cómo se utiliza tu dinero. Luego, establece un presupuesto que te permita asignar una parte significativa de tus ingresos al ahorro e inversión. La regla del 50/30/20 es un enfoque común, donde el 50% de tus ingresos se destina a necesidades, el 30% a deseos y el 20% al ahorro e inversión.

2. Minimiza los Gastos Innecesarios:

Reducir los gastos innecesarios es una estrategia fundamental. Esto implica eliminar gastos superfluos y concentrarse en lo esencial. Evalúa tus gastos y considera si hay áreas en las que puedas recortar, como comidas fuera de casa, suscripciones innecesarias o compras impulsivas.

3. Aumenta tus Ingresos:

Aumentar tus ingresos puede acelerar tu capacidad de ahorro. Considera oportunidades para ganar dinero extra, como trabajos a tiempo parcial, proyectos freelance o inversiones adicionales en tu educación que te permitan acceder a empleos mejor remunerados.

4. Crea un Fondo de Emergencia:

Un fondo de emergencia bien financiado es esencial. Te brinda seguridad financiera en caso de gastos inesperados o pérdida de ingresos. Generalmente, se recomienda tener suficiente dinero en este fondo para cubrir al menos tres a seis meses de gastos.

5. Invierte Sabiamente:

En lugar de simplemente ahorrar tu dinero en una cuenta de ahorros con tasas de interés bajas, busca oportunidades de inversión que generen rendimientos significativos a lo largo del tiempo. Las inversiones en acciones, bienes raíces, bonos y otros activos pueden ser parte de tu estrategia de inversión.

6. Diversifica tus Inversiones:

La diversificación es clave para la gestión de riesgos en tus inversiones. Evita poner todos tus huevos en una sola canasta. En lugar de eso, construye una cartera diversificada que abarque diferentes clases de activos y geografías. Esto ayuda a reducir la volatilidad y el riesgo.

7. Aprovecha las Cuentas de Jubilación:

Las cuentas de jubilación, como PPR (planes personales de Retiro), ofrecen ventajas fiscales y oportunidades de inversión que son particularmente beneficiosas. Contribuir a estas cuentas de manera regular puede ayudarte a acumular un patrimonio significativo a largo plazo.

8. Mantén un Estilo de Vida Frugal:

La vida frugal significa gastar menos de lo que ganas, incluso a medida que tus ingresos aumentan. Esto permite ahorrar e invertir más y, en última instancia, acelerar el logro de la independencia financiera.

9. Revisa y Ajusta tu Estrategia:

El camino hacia la independencia financiera no es estático. A medida que cambian tus circunstancias y objetivos, es importante revisar y ajustar tu estrategia de ahorro e inversión. Mantén un ojo en tus metas a largo plazo y adapta tu plan en consecuencia.

10. Perseverancia y Disciplina:

Finalmente, la perseverancia y la disciplina son esenciales. El ahorro y la inversión a largo plazo requieren paciencia y un compromiso constante. Mantén tu enfoque en tus objetivos financieros y no te desanimes por los obstáculos que puedas encontrar en el camino.

11. Evita endeudarte

Si al iniciar este proceso ya tienes deuda, enfoca tus esfuerzos en eliminarla a la brevedad. Si tienes tarjetas de crédito, has pagos lo mas grande posible, si pagas sólo el mínimo nunca acabarás la deuda y le estas regalando dinero al banco.

Si no tienes deudas, en esta primera etapa, evita completamente endeudarte ni sacar tarjetas de crédito hasta que , por lo menos, tengas tu fondo de emergencia.

# Inversión y Crecimiento de Patrimonio

**Inversión Básica para Principiantes**

Iniciar en el mundo de las inversiones puede parecer abrumador para quienes no tienen experiencia previa, pero es un paso crucial para construir riqueza a largo plazo y alcanzar la libertad financiera. Aquí te presento una guía paso a paso con ejemplos claros para que los principiantes puedan comenzar a invertir de manera efectiva:

Paso 1: Establece Objetivos Financieros Claros

Antes de empezar a invertir, es importante definir tus metas financieras. ¿Qué deseas lograr con tus inversiones? Algunos ejemplos de objetivos podrían ser:

- Crear un fondo de emergencia.
- Ahorrar para la jubilación.
- Comprar una casa.
- Pagar la educación de tus hijos.
- Viajar alrededor del mundo.

Paso 2: Crea un Fondo de Emergencia

Cómo ya lo mencionamos anterior mente, antes de invertir, asegúrate de tener un fondo de emergencia. Este fondo debe contener suficiente dinero para cubrir al menos tres a seis meses de gastos en caso de una emergencia financiera. Imagina que tus gastos mensuales son de $30,000; entonces, tu fondo de emergencia debería ser de al menos $90,000 a $180,000.

Paso 3: Paga tus Deudas de Alto Interés

Si tienes deudas con tasas de interés altas, como tarjetas de crédito con saldos pendientes, es inteligente pagarlas antes de invertir. Estas deudas suelen tener tasas de interés mucho más altas que las ganancias típicas de las inversiones. Reducir tu deuda te permite tener más dinero disponible para invertir más adelante.

Paso 4: Educación Financiera Básica

Antes de invertir, dedica tiempo a educarte sobre los conceptos financieros básicos. Lee libros, sigue blogs financieros, mira tutoriales en línea y considera tomar cursos de inversión básicos. Comprender los términos y conceptos te ayudará a tomar decisiones informadas.

Paso 5: Inversiones de Bajo Riesgo para Comenzar

Cuando eres nuevo en la inversión, es sensato comenzar con activos de menor riesgo. Aquí hay dos opciones básicas:

a. Cuentas de Ahorro de Alto Interés: Estas cuentas ofrecen tasas de interés más altas que las cuentas de ahorro tradicionales. Son seguras y proporcionan un lugar para almacenar tu dinero mientras decides tus próximos pasos. Ejemplo: Supongamos que tienes $5,000 para invertir y encuentras una cuenta de ahorro en línea que ofrece un 1.5% de interés anual. Al final del año, habrás ganado $75 en intereses.

b. CETES: Los CETES son inversiones a corto plazo con tasas de interés fijas. Depositas una cantidad de dinero y acuerdas mantenerlo allí durante un período específico, como seis meses o un año. A cambio, obtienes un interés ligeramente más alto que el de una cuenta de ahorro. Ejemplo: Si depositas $5,000 en CETES con un interés del 11% durante un año, ganarás $550 en interés al final del período.

Paso 6: Comienza a Invertir en el Mercado de Valores

Una vez que te sientas cómodo con inversiones de menor riesgo, es hora de considerar el mercado de valores. Aquí hay un ejemplo simple de cómo puedes empezar:

Abre una cuenta de inversión en una plataforma en línea de confianza.

Decide cuánto dinero deseas invertir en acciones. Por ejemplo, si tienes $10,000 para invertir, podrías comenzar con $5,000.

Investiga empresas en las que tengas interés y que consideres prometedoras.

Compra acciones de esas empresas a través de tu plataforma de inversión.

Mantén un enfoque a largo plazo y no te preocupes por las fluctuaciones diarias del mercado.

Existen muchas plataformas y casas de bolsa que tienen simuladores de inversión que te permiten aprender con dinero ficticio que te ayudan a desarrollar tus habilidades antes de poner tu dinero en riesgo.

Paso 7: Diversifica tu Cartera

La diversificación es clave para reducir el riesgo en tu cartera de inversiones. No coloques todo tu dinero en una sola acción o sector. En su lugar, invierte en una variedad de acciones o considera fondos mutuos y ETF que proporcionen una amplia exposición al mercado.

Paso 8: Invierte de manera Constante

Establece un plan para invertir una cantidad fija de dinero en intervalos regulares, como cada mes o trimestre. Esto se conoce como inversión periódica y te ayuda a aprovechar la estrategia del costo promedio en dólares, que implica comprar más acciones cuando los precios son bajos y menos cuando son altos.

Paso 9: Aprende de tus Errores y Evoluciona

La inversión es un proceso de aprendizaje continuo. No tengas miedo de cometer errores; son oportunidades para crecer y mejorar tus estrategias. Mantén un registro de tus inversiones y evalúa regularmente tu cartera para asegurarte de que siga alineada con tus objetivos.

Recuerda, la inversión exitosa requiere paciencia y disciplina. No te desanimes por las fluctuaciones del mercado a corto plazo. Con el tiempo y el aprendizaje constante, puedes construir riqueza y trabajar hacia la independencia financiera.

## Conceptos Fundamentales de Inversión

Antes de embarcarte en el mundo de las inversiones, es esencial comprender los conceptos básicos relacionados con el ahorro e inversión. Aquí te presento una descripción de los conceptos clave que debes conocer antes de comenzar tu camino como inversionista:

1. Ahorro:

El ahorro es la práctica de reservar una parte de tus ingresos para futuros usos o emergencias en lugar de gastar todo tu dinero de inmediato. Esto implica acumular fondos en una cuenta de ahorros o instrumentos financieros de bajo riesgo. El ahorro es el primer paso hacia la inversión y la construcción de riqueza.

2. Inversión:

La inversión implica colocar tu dinero en activos financieros con el objetivo de generar rendimientos o ganancias. Estos activos pueden incluir acciones, bonos, bienes raíces, fondos mutuos, ETF (Exchange-Traded Funds), entre otros. Las inversiones pueden ser de corto plazo (como acciones que se mantienen por menos de un año) o de largo plazo (como un plan de jubilación).

## 3. Riesgo y Rentabilidad:

El riesgo y la rentabilidad son dos conceptos interconectados en la inversión. El riesgo se refiere a la posibilidad de perder dinero en una inversión debido a la volatilidad del mercado. La rentabilidad es la ganancia potencial que puedes obtener de una inversión. Por lo general, existe una relación directa entre el riesgo y la rentabilidad: a mayor riesgo, mayor potencial de rentabilidad, pero también mayor riesgo de pérdida.

## 4. Diversificación:

La diversificación implica la distribución de tus inversiones en diferentes tipos de activos y sectores para reducir el riesgo. No poner todos tus huevos en una sola canasta. Al diversificar, puedes minimizar el impacto negativo de un bajo rendimiento en un activo específico.

## 5. Horizonte de Inversión:

El horizonte de inversión es el período de tiempo durante el cual planeas mantener tus inversiones antes de necesitar los fondos. Puede ser a corto plazo (menos de 3 años), a mediano plazo (3-10 años) o a largo plazo (más de 10 años). Tu horizonte de inversión influye en tus decisiones de inversión y en tu tolerancia al riesgo.

## 6. Objetivos Financieros:

Tus objetivos financieros son metas específicas que deseas alcanzar a través de tus inversiones. Esto podría incluir la compra de una casa, la jubilación temprana, la educación de tus hijos o la construcción de un fondo de emergencia. Definir claramente tus objetivos te ayudará a seleccionar las inversiones adecuadas.

## 7. Rendimiento de la Inversión:

El rendimiento de la inversión mide cómo le va a tu inversión en términos de ganancias o pérdidas. Se expresa generalmente como un porcentaje y puede ser positivo (ganancias) o negativo (pérdidas). Comprender cómo se calcula el rendimiento de la inversión te permite evaluar el desempeño de tus activos.

## 8. Portafolio de Inversión:

Un portafolio de inversión es una colección de activos financieros que posees. Puede incluir una variedad de acciones, bonos, fondos mutuos y otros activos. La construcción de un portafolio diversificado es fundamental para la gestión del riesgo y la búsqueda de un rendimiento equilibrado.

## 9. Costos de Inversión:

Los costos de inversión incluyen comisiones, tarifas de gestión y gastos asociados con la compra y retención de activos. Es importante entender cómo estos costos pueden afectar tu rendimiento neto y elegir inversiones con costos razonables.

## 10. Investigación y Educación:

La investigación y la educación son esenciales antes de realizar cualquier inversión. Esto implica aprender sobre los activos en los que planeas invertir, entender los informes financieros y estar al tanto de las noticias económicas que pueden afectar tus inversiones.

## 11. Inversión Automatizada:

La inversión automatizada, a menudo a través de robo-advisors o fondos indexados, implica utilizar algoritmos y tecnología para gestionar tu portafolio de inversión. Esta es una opción popular para los inversionistas que desean un enfoque más simplificado y pasivo para invertir.

Comprender estos conceptos básicos es esencial para tomar decisiones informadas en el mundo de las inversiones. Antes de invertir, considera hablar con un asesor financiero o utilizar herramientas de planificación financiera para diseñar una estrategia que se adapte a tus objetivos y tolerancia al riesgo.

## Diversificación y Tolerancia al Riesgo

Diversificación y Tolerancia al Riesgo: Pilares Fundamentales para Inversionistas Principiantes

Imagina que tienes una caja llena de huevos, y deseas transportarla sin romper ninguno. ¿Cómo lo harías? Si colocas todos los huevos en una sola canasta y algo sucede, como un golpe fuerte o un tropiezo, corres el riesgo de perder todos tus huevos de una sola vez. Ahora, piensa en tu dinero como esos huevos y en las inversiones como las canastas. Aquí es donde entra en juego la diversificación y la tolerancia al riesgo en las finanzas.

Diversificación: No pongas todos tus huevos en una canasta

La diversificación es un concepto fundamental en las inversiones y es como distribuir tus huevos en varias canastas. ¿Por qué es importante? Porque si una canasta se cae (una inversión se desploma), no pierdes todos tus huevos (tu dinero). En lugar de eso, solo pierdes una parte, y las otras canastas (inversiones) pueden seguir intactas o incluso subir de valor.

Ejemplo de Diversificación:

Imagina que tienes $10,000 para invertir, y decides poner todo en una sola acción de una empresa de tecnología. Si esa empresa enfrenta problemas o su acción cae de valor, podrías perder una gran parte de tu inversión. Pero, si en su lugar diversificas y divides tus $10,000 en acciones de diferentes empresas de distintos sectores (tecnología, salud, energía, etc.), reduces el riesgo de perder todo si una de esas empresas no tiene un buen desempeño.

Tolerancia al Riesgo: Conoce tu nivel de comodidad con la incertidumbre

La tolerancia al riesgo es cuánta incertidumbre financiera estás dispuesto a soportar. Todos somos diferentes; algunas personas están cómodas con riesgos mayores y otras prefieren la seguridad. Tu tolerancia al riesgo juega un papel importante en cómo debes diversificar tus inversiones.

Ejemplo de Tolerancia al Riesgo:

Imagina que eres una persona joven con un horizonte de inversión a largo plazo y una buena tolerancia al riesgo. Esto significa que puedes permitirte tomar riesgos mayores en busca de mayores ganancias. En este caso, podrías optar por una cartera de inversiones que incluye una mayor proporción de acciones, que tienden a ser más volátiles, pero con potencial de crecimiento a largo plazo.

Por otro lado, si eres una persona cercana a la jubilación o te sientes incómodo con la volatilidad, podrías tener una menor tolerancia al riesgo. En este caso, tu cartera podría incluir una mayor proporción de bonos y activos de menor riesgo, que son menos propensos a las fluctuaciones significativas en el valor.

## Diversificación y Tolerancia al Riesgo Juntas: La Clave para una Inversión Exitosa

La magia real ocurre cuando combinas la diversificación y la tolerancia al riesgo. Al conocer cuánto riesgo estás dispuesto a tomar y diversificar en consecuencia, puedes crear una cartera de inversiones que se ajuste a tu personalidad financiera.

Recuerda que no existe una sola fórmula mágica de diversificación que funcione para todos. Cada persona es única, y lo que es adecuado para uno puede no serlo para otro. Es por eso que es fundamental entender tus metas financieras, tu horizonte de inversión y tu tolerancia al riesgo antes de comenzar a invertir.

Para los principiantes en el mundo de las finanzas, es especialmente crucial mantener un equilibrio entre el riesgo y la seguridad. No te dejes llevar por las emociones del mercado y no pongas todos tus recursos en una sola inversión. Diversificar y conocer tu tolerancia al riesgo son las claves para construir una base financiera sólida y alcanzar tus metas a largo plazo. No importa si eres un conservador o un amante de la emoción; siempre hay un enfoque adecuado para ti en el mundo de las inversiones.

Los inversores pueden clasificarse en diferentes perfiles según su tolerancia al riesgo y sus objetivos financieros. Estos perfiles ayudan a determinar la estrategia de inversión más adecuada para cada persona. Aquí hay una descripción de los perfiles de inversión más comunes junto con ejemplos de cómo cada uno podría abordar sus inversiones:

1. Conservador:

Perfil: Los inversores conservadores tienen una baja tolerancia al riesgo. Priorizan la preservación del capital y la seguridad de sus inversiones por encima de las ganancias potenciales a corto plazo.

Ejemplo: Un jubilado que vive de sus ahorros y no puede permitirse perder una parte significativa de su capital podría tener un perfil conservador. Este inversor podría optar por inversiones seguras como bonos del gobierno o cuentas de ahorro de alto interés.

2. Moderado:

Perfil: Los inversores moderados están dispuestos a asumir un nivel moderado de riesgo para buscar un equilibrio entre la seguridad y el crecimiento de su capital. Están dispuestos a invertir en una combinación de activos seguros y de mayor riesgo.

Ejemplo: Una pareja de mediana edad que está acumulando un fondo de jubilación podría ser moderada en su perfil de inversión. Pueden invertir en una cartera diversificada que incluye acciones, bonos y algunos activos alternativos para buscar un crecimiento constante con un riesgo controlado.

## 3. Agresivo:

Perfil: Los inversores agresivos tienen una alta tolerancia al riesgo y están dispuestos a asumir riesgos significativos en busca de mayores rendimientos. Están dispuestos a soportar la volatilidad del mercado a corto plazo en busca de ganancias a largo plazo.

Ejemplo: Un inversor joven que acaba de comenzar su carrera y tiene un horizonte de inversión a largo plazo puede ser agresivo. Este inversor podría invertir principalmente en acciones y considerar inversiones más arriesgadas, como acciones de pequeñas empresas o criptomonedas, para maximizar el potencial de crecimiento.

## 4. Especulativo:

Perfil: Los inversores especulativos buscan oportunidades de inversión de alto riesgo y alto potencial de recompensa. Están dispuestos a asumir riesgos extremadamente altos y pueden no seguir una estrategia de inversión a largo plazo.

Ejemplo: Un inversionista especulativo podría interesarse en el comercio de opciones, donde se pueden obtener ganancias significativas en un corto período, pero con un riesgo sustancial. Estos inversores a menudo buscan oportunidades de corto plazo y pueden cambiar de estrategia rápidamente.

5. Inversionista Socialmente Responsable (ISR):

Perfil: Los inversores ISR consideran tanto los aspectos financieros como los impactos sociales y medioambientales de sus inversiones. Buscan empresas y fondos que sigan prácticas comerciales éticas y sostenibles.

Ejemplo: Un inversor ISR podría elegir invertir en fondos mutuos o ETF que se centren en empresas que promueven la responsabilidad social corporativa o en sectores como energía renovable y tecnología limpia. También pueden excluir inversiones en industrias como el tabaco o las armas.

6. Inversor Pasivo:

Perfil: Los inversores pasivos optan por seguir una estrategia de inversión de compra y retención a largo plazo. No están interesados en seleccionar acciones individuales ni en el comercio frecuente. En su lugar, tienden a invertir en fondos indexados o ETF que siguen un índice de mercado.

Ejemplo: Un inversor pasivo podría invertir en un fondo indexado que rastrea el índice S&P 500. Su objetivo es seguir el rendimiento general del mercado a largo plazo en lugar de seleccionar acciones individuales.

Cabe destacar que los perfiles de inversión pueden evolucionar con el tiempo a medida que cambian las circunstancias personales y financieras. Es importante revisar y ajustar regularmente tu estrategia de inversión para asegurarte de que siga siendo adecuada para tus objetivos y tolerancia al riesgo en curso. Además, buscar la asesoría de un profesional financiero puede ayudarte a determinar el perfil de inversión más apropiado para ti y a diseñar una estrategia de inversión personalizada.

# Opciones de Inversión

Hoy estamos en un momento en el mundo donde las opciones de inversión crecen exponencialmente gracias a la tecnología. Eso te abre una gama grande de posibilidades y es imposible hablar a detalle de cada una de ellas. Es por eso que te explicaré de manera general las opciones más comunes y relevantes, sin embargo, no debes tomar esto como una recomendación financiera. Investiga, analiza y decide cuales son las que mejor se adaptan a tus necesidades y a tu estrategia personal.

Inversiones en el Mercado de Valores

Invertir en el mercado de valores es una de las formas más comunes y accesibles de hacer crecer tu dinero a largo plazo. Para los principiantes, es importante comprender los conceptos básicos, cómo funciona y los pros y contras antes de aventurarse. Aquí te explico todo de manera sencilla:

¿Qué es el Mercado de Valores?

El mercado de valores es como un gran mercado donde las personas compran y venden partes de empresas. Estas partes se llaman acciones, y cuando compras una, te conviertes en propietario de una pequeña parte de esa empresa. Las empresas emiten acciones para recaudar dinero para crecer y expandirse.

¿Cómo Funciona?

Imagina que deseas comprar acciones de una empresa, digamos, "ABC Inc.". Primero, necesitas encontrar un lugar para comprar esas acciones, como una plataforma en línea o un corredor de bolsa. Una vez que tengas una cuenta, puedes realizar una orden de compra especificando cuántas acciones de ABC Inc. deseas comprar y a qué precio.

En el mercado de valores, los precios de las acciones cambian constantemente debido a la oferta y la demanda. Si hay muchas personas comprando acciones de ABC Inc., el precio subirá. Si hay más personas vendiendo, el precio bajará.

Pros de Invertir en el Mercado de Valores:

Potencial de Crecimiento: Las acciones tienen el potencial de proporcionar rendimientos significativos a largo plazo. Por ejemplo, si compras acciones de una empresa exitosa que crece con el tiempo, el valor de esas acciones puede aumentar considerablemente.

Dividendos: Algunas empresas comparten sus ganancias con los accionistas a través de dividendos. Esto significa que recibes pagos regulares solo por ser dueño de sus acciones.

Acceso a Grandes Empresas: Invertir en el mercado de valores te permite ser parte de grandes empresas sin necesidad de tener un gran capital inicial.

Contras de Invertir en el Mercado de Valores:

Riesgo de Pérdida: El mercado de valores puede ser volátil, y las acciones pueden perder valor. Si compras una acción a $100 y su precio baja a $80, perderás dinero si decides vender.

Necesitas Investigar: Para tomar decisiones informadas, debes investigar y seguir de cerca las empresas en las que deseas invertir. Esto puede llevar tiempo y esfuerzo.

Impuestos y Comisiones: Debes estar preparado para pagar impuestos sobre las ganancias de capital y comisiones por comprar y vender acciones.

Consejos para Principiantes:

Diversifica: No pongas todo tu dinero en una sola empresa. En su lugar, invierte en una variedad de acciones de diferentes sectores para reducir el riesgo.

Ten un Horizonte a Largo Plazo: Las inversiones en el mercado de valores tienden a ser más efectivas a largo plazo. No te preocupes por las fluctuaciones a corto plazo.

Educación Continua: Aprende constantemente sobre las empresas en las que inviertes y el funcionamiento del mercado de valores.

Consulta a un Asesor: Considera hablar con un asesor financiero antes de tomar decisiones importantes de inversión.

Invertir en el mercado de valores puede ser emocionante y lucrativo, pero también conlleva riesgos. La clave es la paciencia y la educación continua. Con el tiempo, puedes construir una cartera sólida que te ayude a alcanzar tus metas financieras a largo plazo.

**Inmuebles como Inversión**

Invertir en bienes raíces es una opción popular para quienes buscan hacer crecer su dinero a lo largo del tiempo. Esta inversión implica comprar propiedades, como casas o apartamentos, con el objetivo de generar ingresos y ganancias a largo plazo. Aquí, te explico de manera sencilla cómo funcionan, junto con los pros y contras para los principiantes:

¿Cómo Funcionan las Inversiones en Bienes Raíces?

Cuando inviertes en bienes raíces, estás comprando una propiedad con la intención de obtener beneficios a través de una de las siguientes formas:

1. Ingreso por Alquiler:

Puedes comprar una propiedad y alquilarla a inquilinos. Los ingresos del alquiler pueden ayudarte a cubrir los gastos de mantenimiento y generar un flujo de efectivo mensual.

2. Ganancias de Capital:

Esperas que el valor de la propiedad aumente con el tiempo. Luego, puedes venderla a un precio más alto de lo que pagaste, obteniendo una ganancia de capital.

Pros de Invertir en Bienes Raíces:

Ingresos Pasivos: Al alquilar una propiedad, puedes generar ingresos pasivos mensuales. Por ejemplo, si alquilas una casa por $1,000 al mes y los gastos son de $500, obtienes $500 en ingresos mensuales.

Potencial de Valorización: A menudo, las propiedades tienden a aumentar de valor con el tiempo. Si compras una casa por $1,500,000 y su valor aumenta a $2,000,000 en unos años, obtienes una ganancia de capital de $500,000.

Control: Como propietario, tienes cierto control sobre la propiedad, incluyendo la gestión de inquilinos y la capacidad de realizar mejoras que aumenten su valor.

Contras de Invertir en Bienes Raíces:

Costos Iniciales: Comprar una propiedad requiere una inversión inicial significativa, que incluye el pago inicial, cierre, y posiblemente reparaciones y renovaciones.

Mantenimiento y Reparaciones: Como propietario, eres responsable del mantenimiento y las reparaciones de la propiedad. Esto puede generar costos adicionales.

Ingresos Irregulares: Si no tienes inquilinos durante ciertos períodos, puedes experimentar una pérdida de ingresos. Por ejemplo, si una unidad de alquiler está vacía durante un mes, perderías esos ingresos.

Ejemplo Simple:

Imagina que compras una casa por $2,000,000 y decides alquilarla por $15,000 al mes. Después de deducir los gastos como impuestos, seguros y mantenimiento, obtienes $10,000 al mes en ingresos por alquiler. Después de un año, has ganado $120,000 en ingresos pasivos. Si el valor de la casa aumenta a $2,500,000 durante ese año, tienes una ganancia de capital de $500,000.

Consejos para Principiantes:

Investigación Exhaustiva: Antes de comprar una propiedad, investiga el mercado local, los precios de alquiler y los costos asociados. Comprende la ubicación y la demanda.

**Presupuesto: **Asegúrate de tener un presupuesto claro que incluya los costos de compra, mantenimiento y gastos asociados con la inversión.

Gestión Efectiva: Si decides alquilar la propiedad, considera si administrarás tú mismo o contratarás a un administrador de propiedades.

Diversificación: No pongas todos tus recursos en una sola propiedad. Considera diversificar tu cartera de bienes raíces a medida que adquieres más experiencia.

Planificación a Largo Plazo: La inversión en bienes raíces suele ser a largo plazo. Prepárate para mantener la propiedad durante varios años para maximizar el potencial de valorización.

Invertir en bienes raíces puede ser una estrategia efectiva para construir riqueza, pero es importante comprender los pros y contras antes de empezar. Si estás dispuesto a aprender y a comprometerte a largo plazo, las inversiones en bienes raíces pueden ser una adición valiosa a tu cartera financiera.

## Inversiones Alternativas: Criptomonedas, Crowdfunding, etc.

Las inversiones alternativas son una categoría de activos que difiere de las inversiones tradicionales en acciones, bonos y bienes raíces. Estas opciones ofrecen a los inversionistas una variedad de oportunidades, pero también presentan riesgos únicos. Si eres un principiante buscando diversificar tu cartera, aquí tienes una introducción a las inversiones alternativas, cómo funcionan y sus pros y contras.

### ¿Qué son las Inversiones Alternativas?

Las inversiones alternativas incluyen una amplia gama de activos fuera de los mercados tradicionales. Algunas de las más conocidas incluyen:

Criptomonedas: Monedas digitales como Bitcoin y Ethereum que operan en una tecnología llamada blockchain.

Crowdfunding de Bienes Raíces: Plataformas que permiten a los inversionistas comprar partes de propiedades junto con otros inversores.

Startups: Inversiones en empresas emergentes a través de plataformas de financiamiento colectivo o capital de riesgo.

Materias Primas: Inversiones en productos básicos como oro, petróleo o alimentos.

Cómo Funcionan las Inversiones Alternativas:

Cada tipo de inversión alternativa opera de manera diferente, pero aquí hay una descripción general:

Criptomonedas: Las criptomonedas se compran y almacenan en billeteras digitales. Su valor puede aumentar o disminuir en función de la oferta y la demanda en el mercado.

Crowdfunding de Bienes Raíces: A través de plataformas en línea, los inversionistas pueden comprar fracciones de propiedades. Los ingresos se generan a través de alquileres o la venta de la propiedad.

Startups: Los inversionistas proporcionan financiamiento a startups a cambio de participación en la empresa. Esperan que la empresa crezca y su inversión aumente de valor.

Materias Primas: Los inversionistas pueden comprar contratos de futuros o ETF (Exchange-Traded Funds) relacionados con materias primas.

Pros de las Inversiones Alternativas:

Diversificación: Las inversiones alternativas pueden diversificar tu cartera y reducir la dependencia de los mercados tradicionales.

Potencial de Ganancias Elevadas: Algunas inversiones alternativas, como las criptomonedas o los startups exitosos, tienen un alto potencial de ganancias.

Acceso a Activos Inaccesibles: Permiten a los inversionistas acceder a activos o industrias que normalmente serían difíciles de alcanzar.

Contras de las Inversiones Alternativas:

Riesgo Elevado: Muchas inversiones alternativas son inherentemente riesgosas y pueden resultar en pérdidas significativas.

Falta de Liquidez: Algunas inversiones alternativas, como las inversiones en startups, pueden carecer de liquidez, lo que significa que no puedes venderlas fácilmente.

Falta de Regulación: Algunas inversiones alternativas, como las criptomonedas, están menos reguladas y pueden ser más susceptibles a la volatilidad y el fraude.

Ejemplo Simple:

Imagina que decides invertir en criptomonedas. Compras $1,000 en Bitcoin cuando el precio es de $10,000 por moneda. Después de un año, el precio de Bitcoin aumenta a $20,000 por moneda. Si vendes tu Bitcoin, habrías duplicado tu inversión y tendrías $2,000.

Consejos para Principiantes:

Educación: Antes de invertir en una alternativa, tómate el tiempo para comprender cómo funciona y cuáles son sus riesgos y recompensas.

Diversificación: No pongas todos tus recursos en una sola inversión alternativa. Diversifica para reducir riesgos.

Tamaño de la Inversión: Comienza con una cantidad que estés dispuesto a perder. Las inversiones alternativas pueden ser volátiles.

Asesoramiento Profesional: Considera consultar a un asesor financiero antes de ingresar a inversiones alternativas, especialmente si eres nuevo en el mundo de las finanzas.

Mantén un Horizonte a Largo Plazo: Algunas inversiones alternativas pueden requerir tiempo para madurar y generar ganancias.

Las inversiones alternativas pueden ser una adición emocionante a tu cartera de inversiones, pero debes abordarlas con cuidado y educación. Si estás dispuesto a asumir riesgos y diversificar, estas inversiones pueden ofrecer oportunidades únicas de crecimiento de patrimonio.

# Planificación de Jubilación

Entendiendo las Cuentas de Jubilación (Afore, PLANES PERSONALES DE RETIRO.)

Las AFORES (Administradoras de Fondos para el Retiro) y los Planes Personales de Retiro son dos opciones fundamentales para garantizar tu bienestar financiero en la jubilación en México. En este artículo, te explicaré qué son, cómo funcionan y cuáles son sus ventajas y desventajas, especialmente enfocado en principiantes.

¿Qué son las AFORES?

Las AFORES son instituciones financieras encargadas de administrar los fondos de ahorro para el retiro de los trabajadores en México. Cada trabajador que cotiza en el sistema de seguridad social mexicano tiene una AFORE asignada. Estas administradoras gestionan y hacen crecer los recursos de tu cuenta individual de ahorro para que puedas contar con un fondo suficiente al momento de jubilarte.

¿Cómo Funcionan las AFORES?

Cuando trabajas en México, una parte de tu salario se destina a tu cuenta individual de AFORE. Tu empleador también contribuye a esta cuenta. Las AFORES invierten estos recursos en diferentes instrumentos financieros, como acciones, bonos y valores gubernamentales. El objetivo es hacer crecer tu dinero para que, al jubilarte, tengas un fondo de retiro significativo.

Pros de las AFORES:

Profesionalismo: Las AFORES están reguladas y supervisadas por la Comisión Nacional del Sistema de Ahorro para el Retiro (CONSAR), lo que garantiza una gestión profesional de los fondos.

Diversificación: Las AFORES invierten en una variedad de activos, lo que reduce el riesgo y aumenta las posibilidades de rendimiento.

Portabilidad: Puedes cambiar de AFORE si lo deseas, lo que te brinda cierto control sobre la gestión de tus ahorros para el retiro.

Contras de las AFORES:

Comisiones: Las AFORES cobran comisiones por la administración de tus fondos, lo que puede afectar tus rendimientos a largo plazo.

Dependencia del Mercado: El rendimiento de tus fondos está sujeto a las fluctuaciones del mercado, lo que significa que puedes experimentar pérdidas.

¿Qué son los Planes Personales de Retiro (PPR)?

Los Planes Personales de Retiro (PPR) son una alternativa a las AFORES que te permite administrar de manera más activa tus ahorros para el retiro. Con un PPR, puedes elegir cómo y dónde invertir tu dinero, lo que brinda una mayor flexibilidad en la gestión de tus fondos.

## ¿Cómo Funcionan los PPR?

Los PPR son ofrecidos por diversas instituciones financieras en México, como bancos y aseguradoras. Puedes abrir un PPR y elegir entre una variedad de opciones de inversión, como fondos de inversión, seguros de retiro, o incluso inversiones en el extranjero. Tú decides cómo deseas invertir tus ahorros para el retiro, y los rendimientos y riesgos dependerán de tus elecciones.

Pros de los PPR:

Flexibilidad: Tienes control sobre cómo se invierten tus fondos, lo que te permite adaptar tus inversiones a tu perfil de riesgo y objetivos.

Diversificación Personalizada: Puedes diversificar tus inversiones según tu preferencia, lo que puede ayudarte a reducir riesgos.

Posible Rendimiento Superior: Si tomas decisiones de inversión acertadas, puedes lograr rendimientos superiores a los de las AFORES.

Contras de los PPR:

Mayor Responsabilidad: Al tener más control, también tienes más responsabilidad en la gestión de tus inversiones, lo que puede ser un desafío si no tienes experiencia financiera.

Costos Variables: Los costos asociados a los PPR pueden variar según la institución y las opciones que elijas, lo que puede afectar tus rendimientos netos.

Ejemplo Simple:

Imagina que eres un trabajador mexicano que ha estado cotizando en el sistema de seguridad social durante varios años. Tu salario mensual es de $10,000, y el 6.5% de tu salario se destina a tu cuenta individual de AFORE. Cada mes, se depositan $650 en tu cuenta. Con el tiempo, este dinero se invierte y crece.

Consejos para Principiantes:

Educación Financiera: Antes de tomar decisiones importantes sobre tus ahorros para el retiro, invierte tiempo en aprender sobre las opciones disponibles y cómo funcionan.

Diversificación: Ya sea que elijas una AFORE o un PPR, considera la diversificación de tus inversiones para reducir riesgos.

Consultar a un Profesional: Hablar con un asesor financiero puede ser beneficioso para tomar decisiones informadas.

Planificación a Largo Plazo: El ahorro para el retiro es una inversión a largo plazo. Comienza lo antes posible y mantén una perspectiva de largo plazo.

Las AFORES y los Planes Personales de Retiro son herramientas fundamentales para asegurar tu jubilación en México. Cada opción tiene sus propias ventajas y desventajas, por lo que es importante que evalúes cuál se adapta mejor a tus necesidades y objetivos financieros.

## Estrategias para Jubilarse Antes de lo Habitual

A continuación, exploraremos las estrategias clave para lograrlo y los distintos niveles de FIRE.

Nivel de FIRE Lean (FIRE Magro): Estrategias para la Libertad Financiera Temprana

El nivel de FIRE Lean, también conocido como FIRE Magro, es el punto de partida para aquellos que desean sumergirse en el Movimiento FIRE (Financial Independence, Retire Early) con determinación. Este enfoque se caracteriza por una dedicación extrema al ahorro y una mentalidad de vida austera con el objetivo de alcanzar la independencia financiera en el menor tiempo posible. Aquí, exploraremos más a fondo las estrategias clave para el FIRE Lean.

1. Control de Gastos Riguroso:

El control de gastos es el pilar fundamental del FIRE Lean. Para muchos, esto significa analizar detenidamente sus finanzas y reducir los gastos innecesarios. Aquí hay algunas estrategias para llevar un presupuesto riguroso:

Presupuesto Detallado: Llevar un registro de tus ingresos y gastos es esencial. Existen aplicaciones y herramientas en línea que pueden ayudarte a hacer un seguimiento preciso.

Prioridades Claras: Identifica tus gastos necesarios y elimina o reduce aquellos que no son esenciales. Pregúntate constantemente si un gasto contribuye a tus metas de independencia financiera.

Evita el Consumismo: La cultura del consumismo puede llevar a gastos innecesarios. Cuestiona tus compras y opta por un estilo de vida más sencillo.

## 2. Ahorro Agresivo:

El FIRE Lean se caracteriza por un alto nivel de ahorro. La mayoría de quienes siguen este enfoque buscan ahorrar al menos el 50% de sus ingresos. Aquí tienes algunas estrategias para un ahorro agresivo:

Automatiza tus Ahorros: Configura transferencias automáticas para que una parte de tus ingresos se destine directamente a tus cuentas de ahorro o inversión.

Vive con Menos: Busca formas de reducir tus gastos cotidianos, como cocinar en casa en lugar de comer fuera, cancelar suscripciones innecesarias o utilizar el transporte público en lugar de un automóvil costoso.

Incrementa tus Ingresos: Además de reducir gastos, busca oportunidades para aumentar tus ingresos. Esto puede incluir trabajar horas extras, realizar trabajos paralelos o explorar fuentes de ingresos pasivos, como inversiones.

3. Ingresos Adicionales:

En el FIRE Lean, no solo se trata de ahorrar más, sino también de ganar más. Buscar fuentes adicionales de ingresos es una estrategia importante para acelerar el proceso de independencia financiera. Algunas formas de generar ingresos adicionales incluyen:

Trabajos Paralelos: Realizar trabajos freelance o de tiempo parcial fuera de tu trabajo principal.

Inversiones: Considerar inversiones que generen ingresos pasivos, como dividendos de acciones o alquileres de propiedades.

Educación Continua: Mejorar tus habilidades y educación puede abrir puertas a trabajos mejor remunerados o oportunidades de negocio.

Ejemplo FIRE Lean:

Supongamos que ganas $600,000 al año y te comprometes a ahorrar el 60% de tus ingresos, lo que equivale a $360,000 al año. Si mantienes este nivel de ahorro constante, podrías alcanzar la independencia financiera en unos 10-15 años, dependiendo de factores como la rentabilidad de tus inversiones.

Nivel de FIRE Moderado: Hacia la Independencia Financiera con Comodidad

El FIRE Moderado representa una variante del Movimiento FIRE (Financial Independence, Retire Early) que permite un mayor nivel de gastos y comodidades en comparación con el FIRE Lean, sin comprometer la independencia financiera. En esta etapa, el objetivo principal es alcanzar la independencia financiera ahorrando al menos el 40% de tus ingresos, lo que suele requerir un período más largo en comparación con niveles más extremos. Aquí, exploraremos en detalle las estrategias clave para el FIRE Moderado.

1. Equilibrio entre Ahorro y Gastos:

A diferencia del FIRE Lean, donde se busca minimizar al máximo los gastos, el FIRE Moderado permite un mayor margen de gastos para mantener un estilo de vida más cómodo. Sin embargo, aún se busca ahorrar una parte significativa de los ingresos. Aquí hay algunas estrategias para lograr este equilibrio:

Presupuesto Realista: Aunque no se requiere la misma austeridad que en el FIRE Lean, sigue siendo fundamental llevar un presupuesto y tener claro cuánto puedes gastar en cada categoría sin sacrificar tus objetivos de ahorro.

Gastos Conscientes: En lugar de eliminar completamente ciertos gastos, el enfoque se centra en ser consciente de tus elecciones financieras y buscar formas de optimizar tus gastos sin sacrificar la calidad de vida.

Planificación de Gastos Placenteros: Incluso en el FIRE Moderado, es importante permitirse gastos que te brinden satisfacción, como viajes, actividades recreativas o una buena comida en un restaurante ocasionalmente.

2. Inversión Estratégica:

Para alcanzar la independencia financiera de manera efectiva en el FIRE Moderado, es crucial invertir de manera inteligente para maximizar el crecimiento de tu patrimonio. Aquí hay algunas estrategias importantes:

Diversificación: Distribuir tus inversiones en diferentes clases de activos, como acciones, bonos, bienes raíces y otros, para reducir riesgos.

Planificación a Largo Plazo: Enfocarse en inversiones a largo plazo puede ayudar a aprovechar el poder del interés compuesto.

Reevaluación Continua: A medida que avanzas hacia la independencia financiera, es importante ajustar tus inversiones según tus necesidades y metas cambiantes.

3. Planificación Fiscal:

La optimización de la situación fiscal es una parte integral del FIRE Moderado. Reducir los impuestos legalmente puede liberar recursos adicionales para el ahorro y la inversión. Aquí hay algunas estrategias fiscales comunes:

**Cuentas de Jubilación: **Aprovecha al máximo las cuentas de jubilación disponibles, como cuentas IRA o 401(k), que ofrecen ventajas fiscales.

Gestión de Impuestos sobre Ganancias de Capital: Planificar la venta de inversiones de manera estratégica puede minimizar los impuestos sobre las ganancias de capital.

Deducciones y Créditos Fiscales: Aprovecha todas las deducciones y créditos fiscales disponibles para reducir tu carga tributaria.

Ejemplo FIRE Moderado:

Supongamos que ganas $600,000 al año y te comprometes a ahorrar el 40% de tus ingresos, lo que equivale a $240,000 al año. Si mantienes este nivel de ahorro constante, podrías alcanzar la independencia financiera en aproximadamente 20 años. Durante ese tiempo, podrías permitirte un nivel de gastos más cómodo en comparación con el FIRE Lean.

Nivel de FIRE Completo: Libertad Financiera con Comodidad

El nivel de FIRE Completo representa la versión más flexible y cómoda del Movimiento FIRE (Financial Independence, Retire Early). En este nivel, el objetivo principal es alcanzar la independencia financiera ahorrando al menos el 25% de tus ingresos, lo que permite mantener un estilo de vida más cercano al promedio. Aunque este nivel a menudo requiere un período más largo para alcanzar la independencia financiera en comparación con niveles más intensivos, ofrece la ventaja de una mayor comodidad y flexibilidad. Aquí profundizaremos en las estrategias clave para el FIRE Completo.

1. Inversión Diversificada:

En el FIRE Completo, se busca una inversión más conservadora en comparación con niveles más agresivos como el FIRE Lean o el FIRE Moderado. La diversificación de inversiones es una estrategia crucial para reducir riesgos y preservar el capital. Aquí hay algunas consideraciones:

Inversiones más Conservadoras: En lugar de buscar rendimientos máximos, se presta más atención a la preservación del capital. Esto puede incluir inversiones en bonos, fondos mutuos o activos menos volátiles.

Distribución de Activos: Distribuir tus inversiones en diferentes clases de activos, como acciones, bonos y bienes raíces, ayuda a reducir la exposición a riesgos específicos.

Inversión a Largo Plazo: Aunque se busca un crecimiento más moderado, aún se mantiene un enfoque a largo plazo para aprovechar el interés compuesto.

2. Control de Gastos Razonable:

Aunque el FIRE Completo permite un mayor margen de gastos en comparación con niveles más intensivos, es importante mantener un equilibrio y evitar la extravagancia. Aquí hay algunas estrategias para lograr un control de gastos razonable:

Presupuesto Flexible: Si bien se permite un mayor gasto, sigue siendo importante llevar un presupuesto y mantener un registro de tus ingresos y gastos para garantizar que tus finanzas estén en orden.

Prioridades Claras: Identifica las áreas donde deseas gastar más y las que puedes reducir sin sacrificar tu calidad de vida.

Reevaluación Continua: A medida que avanzas hacia la independencia financiera, es importante ajustar tus gastos según tus necesidades cambiantes y tu progreso hacia tus objetivos financieros.

3. Planificación de Retiro:

En el FIRE Completo, la planificación del retiro temprano es esencial. Esto implica tomar decisiones estratégicas sobre cómo administrar tus activos y fuentes de ingresos una vez que hayas alcanzado la independencia financiera. Algunas estrategias a considerar incluyen:

Acceso a Cuentas de Jubilación: Planificar cómo accederás a tus cuentas de jubilación, como AFORES Y PPR´s y cómo minimizarás los impuestos en los retiros anticipados.

Gestión de Activos: Decidir cómo gestionarás tus inversiones y activos para garantizar un flujo de ingresos sostenible durante la jubilación.

Seguro de Salud: Asegurarte de tener un plan de seguro de salud adecuado durante la jubilación, ya que esto puede ser un gasto importante.

Ejemplo FIRE Completo:

Supongamos que ganas $800,000 al año y te comprometes a ahorrar el 25% de tus ingresos, lo que equivale a $200,000 al año. Si mantienes este nivel de ahorro constante, podrías alcanzar la independencia financiera en aproximadamente 25 años. Durante este tiempo, habrías mantenido un estilo de vida cómodo y una inversión más conservadora.

El FIRE Completo ofrece un equilibrio entre la búsqueda de la independencia financiera y la comodidad en el presente. A través de una inversión diversificada, un control de gastos razonable y una planificación cuidadosa del retiro, puedes disfrutar de una vida financieramente segura mientras trabajas hacia tus metas de independencia financiera. Cada persona tiene sus propias prioridades y objetivos, por lo que es importante adaptar el enfoque FIRE a tu situación personal y valores

Para lograr una ruta más clara y detallada sobre cómo alcanzar la libertad financiera, he desarrollado un modelo estratégico que he denominado "LIBERTAD en 10". Este modelo te ayudará a comprender cada una de las etapas y sus objetivos principales, lo que te permitirá evaluar tu progreso y constatar que las acciones que emprendas están generando resultados positivos.

A continuación, te presento los niveles recomendados en esta estrategia para que puedas tener una comprensión clara de lo que debes lograr:

### Niveles de LIBERTAD

**Nivel L1 :**

- o CERO DEUDA. Eliminar cualquier tipo de deuda que tengas.
- o AHORRO 20% DE TU ESTILO DE VIDA. Inicia con tu proceso de ahorro con un mínimo del 20 por ciento.
- o Creación de un primer ingreso extra a tu ingreso principal.
- o Ahorro emergente equivalente a 3 meses del valor de tu estilo de vida.

**Nivel L2** :

- AHORRO 20% DE TU ESTILO DE VIDA. Inicia con tu proceso de ahorro con un mínimo del 20 por ciento.
- CRECIMIENTO del ingreso extra a tu ingreso principal.
- Ahorro emergente equivalente a 6 meses del valor de tu estilo de vida.
- PRIMERAS INVESRIONES. En herramientas de CERO riesgos
- Contratación de una primera tarjeta de crédito con mejores condiciones.

**Nivel L3** :

- AHORRO 20% DE TU ESTILO DE VIDA. Inicia con tu proceso de ahorro con un mínimo del 20 por ciento.
- CRECIMIENTO del ingreso extra a tu ingreso principal.
- CREACIÓN de un segundo ingreso extra.
- Ahorro emergente equivalente a 1 año del valor de tu estilo de vida.
- AUMENTO DE INVERSIONES. En herramientas de CERO riesgos.
- INICIO DE DEUDA BUENA
- PRIMERA INVERSIÓN DE RIESGO MEDIO.
- CONTRATACIÓN  de un seguro de Gastos Médicos y uno de vida para prevenir tu futuro.

**Nivel L4 :**

- AHORRO 50% DE TU ESTILO DE VIDA. Inicia con tu proceso de ahorro con un mínimo del 20 por ciento.
- 2 FUENTES DE INGRESO extras a tu ingreso principal.
- Ahorro emergente equivalente a 6 meses del valor de tu estilo de vida.
- INVESRIONES. En herramientas de CERO riesgos y Riesgo medio equivalentes a 2 años de tu Estilo de vida
- 2 tarjetas de crédito con mejores condiciones bien administradas.
- Aumento del monto de Deuda Buena.

**Nivel L5 :**

- AHORRO 50% DE TU ESTILO DE VIDA. Inicia con tu proceso de ahorro con un mínimo del 20 por ciento.
- 2 FUENTES DE INGRESO extras a tu ingreso principal.
- Ahorro emergente equivalente a 6 meses del valor de tu estilo de vida.
- INVESRIONES. En herramientas de CERO riesgos y Riesgo medio equivalentes a 5 años de tu Estilo de vida
- INVERSIONES DE ALTO RIESGO equivalentes a 1 año de tu estilo de vida.
  AUMENTO DE GASTO DE TU ESTILO DE VIDA ACTUAL para mejorar tu calidad de vida.

Al llegar al nivel 5, has superado la etapa más desafiante del cambio de enfoque financiero. Este proceso puede llevar la mayor cantidad de tiempo, ya que modificar rutinas y resistir las presiones sociales en cuanto a gastos es la parte más complicada de esta estrategia.

Una vez que superas este nivel, comienzas a cosechar los beneficios de tu esfuerzo, has establecido una disciplina y a partir de aquí, el crecimiento es exponencial. El tiempo que necesitas para alcanzar tu Número de Libertad se reduce significativamente a partir de este punto y casi se logra de forma automática. Si logras llegar al nivel L5, te garantizo que alcanzarás tu libertad financiera en un plazo que jamás habrías imaginado.

Recuerda que cada persona tiene circunstancias diferentes, por lo que los resultados y el tiempo varia en cada caso.

Las decisiones de ahorro e inversión que tomes, así como las condiciones globales, pueden hacer que se aumente o disminuyan el tiempo para alcanzar los resultados. No tengas miedo de cambiar de estrategia en el proceso. Si logras que tus inversiones en promedio te den por lo menos, un 10% de rendimiento anual, y te enfoques a aumentar constantemente el capital, lograras el resultado sin duda.

# Generación de Ingresos Pasivos

## Construcción de Ingresos Pasivos

La generación de ingresos pasivos es una parte fundamental de la gestión financiera efectiva y puede tener un impacto significativo en tu calidad de vida y libertad financiera. Aquí exploraremos la importancia de los ingresos pasivos y los conceptos clave que debes conocer para iniciar este proceso. Además, proporcionaremos ejemplos concretos de fuentes de ingresos pasivos.

¿Qué son los Ingresos Pasivos?

Los ingresos pasivos son ganancias que se generan con un esfuerzo inicial relativamente pequeño o que requieren mantenimiento mínimo una vez establecidos. Estos ingresos provienen de fuentes que no implican una participación activa y constante de tu parte. Los ingresos pasivos son como un motor financiero que trabaja en segundo plano, permitiéndote ganar dinero mientras te concentras en otras áreas de tu vida.

## La Importancia de los Ingresos Pasivos:

Libertad Financiera: Los ingresos pasivos pueden proporcionarte la libertad financiera al permitirte cubrir tus gastos y alcanzar tus objetivos sin depender exclusivamente de un trabajo tradicional. Esto significa menos estrés financiero y más opciones en la vida.

Diversificación de Ingresos: Dependiendo únicamente de un salario o fuente de ingresos activa es arriesgado. Los ingresos pasivos diversifican tus fuentes de ingresos, lo que te hace más resistente a los cambios económicos y laborales.

Ahorro e Inversión: Los ingresos pasivos pueden servir como una fuente constante de ahorro e inversión. Puedes usar estos ingresos adicionales para acumular riqueza a lo largo del tiempo.

Conceptos Clave para Generar Ingresos Pasivos:

Activo vs. Pasivo: Un activo es algo que pones a trabajar para ti, como una inversión inmobiliaria que genera alquileres. Un pasivo, por otro lado, es algo que genera gastos, como un automóvil que requiere mantenimiento y combustible.

Inversión Inicial: La generación de ingresos pasivos a menudo requiere una inversión inicial. Esto podría ser en forma de dinero, tiempo o habilidades. Por ejemplo, comprar una propiedad de alquiler requiere una inversión inicial significativa.

Mantenimiento y Supervisión: Aunque los ingresos pasivos requieren menos esfuerzo continuo que los ingresos activos, aún es importante supervisar y mantener tus fuentes de ingresos pasivos. Esto podría implicar gestionar propiedades de alquiler, mantener un sitio web o monitorear una cartera de inversiones.

Ejemplos de Ingresos Pasivos:

Alquiler de Propiedades: Poseer bienes raíces que se alquilan a inquilinos es un ejemplo clásico de ingresos pasivos. Los alquileres generan un flujo constante de ingresos una vez que la inversión inicial y el mantenimiento se gestionan adecuadamente.

Dividendos de Acciones: Si inviertes en acciones que pagan dividendos, recibirás ingresos regulares sin vender las acciones. Esto es una forma común de ingresos pasivos en el mercado de valores.

Inversiones en Fondos Indexados: Invertir en fondos indexados o ETFs te permite beneficiarte de las ganancias del mercado sin la necesidad de gestionar una cartera de acciones individualmente.

Ingresos de Propiedad Intelectual: Si eres autor, músico, diseñador gráfico o tienes propiedad intelectual, puedes ganar dinero de regalías por tu trabajo. Cada vez que alguien use o compre tu trabajo, generas ingresos.

Negocios en Línea y Blogs: Los negocios en línea, como blogs o tiendas en línea, pueden generar ingresos pasivos a través de la publicidad, afiliados o ventas de productos digitales.

Inversiones en Bienes Raíces Crowdfunding: Plataformas de crowdfunding permiten a inversores individuales participar en proyectos inmobiliarios y obtener una parte de los ingresos generados.

Los ingresos pasivos son esenciales para lograr la independencia financiera y la seguridad financiera a largo plazo. Comprender los conceptos clave, invertir sabiamente y mantener tus fuentes de ingresos pasivos te permitirá construir un flujo constante de ingresos adicionales que pueden cambiar tu vida de manera significativa.

## La Importancia de la Creación de una Empresa Propia como Modelo de Ingresos

La creación de una empresa propia representa una oportunidad única para alcanzar la independencia financiera y personal. En este artículo, exploraremos la importancia de emprender como modelo de ingresos, analizando sus pros y contras, y respaldando la argumentación con estadísticas significativas.

Los Pros de la Creación de una Empresa Propia:

Control Total: Uno de los beneficios más destacados de tener tu propia empresa es que tienes un control completo sobre la toma de decisiones. Tú defines la visión, la misión y las estrategias de negocio.

Potencial de Ganancias Ilimitado: A diferencia de un salario fijo, el potencial de ganancias en un emprendimiento es ilimitado. El éxito de tu empresa puede conducir a un crecimiento significativo de ingresos.

Independencia Financiera: Emprender te brinda la oportunidad de lograr la independencia financiera. A medida que tu empresa crece, puedes generar ingresos que no dependen de un trabajo tradicional.

Creatividad y Pasión: Emprender te permite canalizar tu creatividad y seguir tus pasiones. Puedes construir un negocio en torno a lo que más te apasiona.

Las Estadísticas Apoyan el Emprendimiento:

Según un informe de Global Entrepreneurship Monitor, en 2020, aproximadamente 284 millones de personas estaban involucradas en actividades empresariales en todo el mundo.

La Encuesta Global de Emprendimiento 2020 informó que el 77% de los emprendedores encuestados considera que el emprendimiento es una buena carrera para seguir.

Según el estudio de la Kauffman Foundation, el 86% de los emprendedores encuestados en Estados Unidos dijeron estar satisfechos con su decisión de emprender.

Los Contras de la Creación de una Empresa Propia:

Riesgo Financiero: Iniciar un negocio conlleva un riesgo financiero significativo. Puedes invertir tiempo y dinero antes de ver ganancias.

Responsabilidades y Estrés: Como propietario de una empresa, asumirás múltiples responsabilidades, lo que puede generar altos niveles de estrés y presión.

Incertidumbre: Los negocios son inherentemente inciertos. El éxito no está garantizado, y muchas empresas no logran superar los primeros años.

Horas de Trabajo Extensas: Es común que los emprendedores trabajen largas horas, especialmente al principio. Pueden enfrentar desafíos para equilibrar el trabajo y la vida personal.

Cómo Enfrentar los Retos Emprendiendo:

Planificación Sólida: Realiza una planificación exhaustiva antes de iniciar tu empresa. Esto incluye un plan de negocios sólido y un análisis de mercado.

Aprende de los Errores: Los fracasos son comunes en el emprendimiento. Lo importante es aprender de ellos y adaptarse.

Desarrollo de Red de Apoyo: Busca mentores y forma parte de redes empresariales. El apoyo de otros emprendedores puede ser invaluable.

Educación Continua: Mantente actualizado con las últimas tendencias y tecnologías en tu industria.


La creación de una empresa propia es una ruta viable hacia la independencia financiera y la realización personal. Aunque enfrenta desafíos significativos, las estadísticas y testimonios respaldan la importancia y el potencial del emprendimiento. Antes de emprender, es esencial una planificación sólida y una comprensión realista de los pros y contras. El emprendimiento puede ofrecer libertad, satisfacción y oportunidades de ingresos que pueden ser difíciles de alcanzar a través de otras vías profesionales

# Independencia Financiera a través de la Educación

Independencia Financiera a través de la Educación

La independencia financiera es un objetivo al que muchos aspiran en sus vidas. Se trata de la capacidad de mantener un nivel de vida deseado sin depender exclusivamente de un empleo tradicional. Aunque alcanzar la independencia financiera puede parecer un desafío, uno de los caminos más efectivos para lograrlo es a través de la educación financiera. En este artículo, exploraremos cómo la educación financiera puede conducir a la independencia financiera y cómo puedes aprovecharla al máximo.

## La Importancia de la Educación Financiera

La educación financiera es la base sobre la cual se construye la independencia financiera. Implica la comprensión de cómo funciona el dinero, cómo gestionar tus finanzas personales y cómo hacer crecer tu riqueza a lo largo del tiempo. Aquí hay algunas razones clave por las que la educación financiera es esencial:

## 1. Toma de Decisiones Informadas

La educación financiera te proporciona los conocimientos necesarios para tomar decisiones financieras informadas. Esto incluye cómo invertir tu dinero, cómo gestionar tus deudas, cómo presupuestar y cómo planificar para el futuro. Cuando comprendes estas áreas, puedes tomar decisiones financieras que te beneficien a largo plazo.

## 2. Control sobre tus Finanzas

La educación financiera te da el control sobre tu dinero en lugar de que el dinero te controle a ti. Puedes establecer metas financieras, crear un presupuesto y seguir un plan financiero que te lleve hacia la independencia financiera. Sin esta educación, es fácil caer en patrones financieros perjudiciales.

## 3. Crecimiento de la Riqueza

La educación financiera te proporciona las herramientas para hacer crecer tu riqueza con el tiempo. Aprender sobre inversión, ahorro e intereses compuestos te permite aprovechar las oportunidades para aumentar tu patrimonio.

## 4. Reducción del Estrés Financiero

El estrés financiero es una de las principales preocupaciones en la vida de muchas personas. La educación financiera puede ayudarte a gestionar tus finanzas de manera eficaz, lo que reduce el estrés y te brinda tranquilidad.

Cómo Alcanzar la Independencia Financiera a través de la Educación

Alcanzar la independencia financiera a través de la educación financiera requiere un enfoque deliberado y constante. Aquí hay algunos pasos clave que puedes seguir:

1. Aprende los Fundamentos

Comienza por aprender los fundamentos de la educación financiera. Esto incluye conceptos como ingresos, gastos, presupuesto, deuda, inversión y jubilación. Hay una amplia gama de recursos disponibles, desde libros y cursos en línea hasta asesores financieros, que pueden ayudarte a adquirir estos conocimientos.

2. Establece Metas Claras

Define metas financieras claras y alcanzables. ¿Cuál es tu objetivo de independencia financiera? ¿Cuánto dinero necesitas y en cuánto tiempo? Establecer metas específicas te dará un propósito y te ayudará a mantener el rumbo.

3. Crea un Presupuesto

El presupuesto es una herramienta fundamental en la gestión financiera. Ayuda a controlar tus gastos, ahorra dinero y asigna fondos para inversiones y ahorros a largo plazo. Un presupuesto bien estructurado es esencial para alcanzar la independencia financiera.

## 4. Elimina las Deudas

Las deudas pueden ser un obstáculo importante para la independencia financiera. Aprende estrategias para eliminar o reducir tus deudas de manera efectiva. Esto liberará más de tus ingresos para ahorrar e invertir.

## 5. Invierte Sabiamente

La inversión es una parte crucial de la independencia financiera. Aprende sobre diferentes tipos de inversiones, diversificación y riesgo. Considera trabajar con un asesor financiero para tomar decisiones de inversión informadas.

## 6. Desarrolla Hábitos Financieros Saludables

Los hábitos financieros saludables son la clave para mantener tu camino hacia la independencia financiera. Esto incluye la disciplina para seguir un presupuesto, evitar la deuda innecesaria y vivir por debajo de tus posibilidades.

## 7. Planifica para la Jubilación

La independencia financiera a menudo se asocia con la jubilación temprana. Asegúrate de tener un plan sólido para tu jubilación, que incluya el ahorro en cuentas de jubilación y la planificación fiscal.

## Estadísticas y Tendencias

Las estadísticas muestran que la educación financiera es un factor importante para lograr la independencia financiera:

Según la Encuesta de Finanzas Personales de la Reserva Federal de EE. UU., en 2020, solo el 41% de los estadounidenses tenía ahorros suficientes para cubrir un gasto inesperado de $400.

Un informe de la OCDE revela que los países con altos niveles de educación financiera tienden a tener una mayor tasa de ahorro y una menor deuda personal.

La inversión en educación financiera puede tener un impacto significativo. Según un estudio de TIAA Institute, la educación financiera en el lugar de trabajo puede aumentar el ahorro de los empleados en un 25%.

La independencia financiera es un objetivo alcanzable, y la educación financiera es el camino hacia ese objetivo. Al aprender los fundamentos financieros, establecer metas claras, gestionar tus finanzas con sabiduría y desarrollar hábitos financieros saludables, puedes encaminarte hacia la independencia financiera. Las estadísticas respaldan la importancia de la educación financiera, ya que las personas que comprenden y gestionan sus finanzas tienen más probabilidades de alcanzar la independencia financiera y disfrutar de una vida económica segura y próspera.

## Desarrollo de Habilidades para Incrementar Ingresos

La Importancia del Desarrollo de Habilidades para Incrementar Ingresos

El desarrollo de habilidades es una parte esencial de la búsqueda de un mayor ingreso y una mejor posición financiera. En un mundo laboral en constante cambio y con la evolución de la economía global, las habilidades que tienes y tu capacidad para mejorarlas pueden marcar la diferencia en tus perspectivas económicas. En este artículo, exploraremos la importancia del desarrollo de habilidades para incrementar ingresos, así como estrategias prácticas para lograrlo.

La Evolución del Mercado Laboral

El mercado laboral moderno es dinámico y altamente competitivo. Las empresas buscan empleados que no solo tengan habilidades relevantes en el momento de la contratación, sino que también sean capaces de aprender y adaptarse a medida que cambian las necesidades del negocio. Aquí hay algunas razones clave por las que el desarrollo de habilidades es fundamental en este contexto:

1. Adaptación a la Tecnología

La tecnología está transformando industrias enteras, lo que significa que algunas habilidades tradicionales pueden volverse obsoletas. Por otro lado, la demanda de habilidades tecnológicas, como programación, análisis de datos y diseño de experiencia de usuario, está en constante crecimiento. El desarrollo de estas habilidades puede abrir nuevas oportunidades de empleo y negocio.

## 2. Competencia Global

La globalización ha ampliado la competencia en el mercado laboral. Ahora compites no solo con personas de tu área geográfica, sino con talentos de todo el mundo. Tener habilidades únicas y valiosas te distingue en un mercado laboral global.

## 3. Cambios en las Expectativas de Empleo

Los empleadores están buscando cada vez más empleados que sean autosuficientes, capaces de asumir responsabilidades adicionales y contribuir de manera significativa al éxito de la empresa. Esto significa que las habilidades de liderazgo, comunicación y gestión del tiempo son altamente valoradas.

## 4. La Gig Economy

La economía de los trabajadores por cuenta propia o la "gig economy" está en auge. Muchas personas buscan oportunidades independientes, como freelancers o emprendedores, y para tener éxito en este entorno, se requieren habilidades empresariales y de marketing, además de las habilidades técnicas necesarias para la labor en sí.

## ¿Cómo Desarrollar Habilidades para Incrementar Ingresos?

El desarrollo de habilidades es un proceso continuo que requiere esfuerzo y dedicación. Aquí hay estrategias prácticas para mejorar tus habilidades y aumentar tus ingresos:

### 1. Identifica Tus Objetivos

Antes de comenzar, es importante identificar tus objetivos. ¿Qué habilidades específicas te gustaría desarrollar? ¿Qué resultados esperas lograr al hacerlo? Establece metas claras y medibles para guiar tu proceso de desarrollo de habilidades.

### 2. Aprende de Manera Continua

La educación formal, como cursos en línea, programas de certificación o títulos avanzados, puede ser una excelente manera de adquirir nuevas habilidades. Además, aprovecha recursos gratuitos en línea, como tutoriales y material educativo disponible en plataformas como YouTube, Coursera y Khan Academy.

### 3. Busca Mentoría

Encontrar un mentor que ya haya recorrido el camino que deseas seguir puede acelerar significativamente tu desarrollo. Un mentor puede proporcionarte orientación, compartir su experiencia y ayudarte a evitar errores comunes.

## 4. Practica Regularmente

La práctica es fundamental para el desarrollo de habilidades. Dedica tiempo regularmente a aplicar lo que has aprendido. Esto puede ser a través de proyectos personales, colaboraciones o incluso desafíos en línea.

## 5. Busca Retroalimentación

Solicita retroalimentación de personas con más experiencia en el área en la que estás desarrollando tus habilidades. Las opiniones externas pueden proporcionarte información valiosa y ayudarte a identificar áreas de mejora.

## 6. Únete a Comunidades

Participar en comunidades en línea o grupos locales relacionados con tus habilidades te conectará con otros profesionales y te permitirá aprender de sus experiencias. También puedes compartir tus conocimientos y establecer contactos que puedan abrir puertas laborales.

## 7. Prueba Nuevos Retos

No tengas miedo de asumir nuevos retos relacionados con tus habilidades. La resolución de problemas y la superación de obstáculos son formas efectivas de consolidar lo que has aprendido.

## 8. Sé Disciplinado

El desarrollo de habilidades lleva tiempo y esfuerzo. Mantén la disciplina y la consistencia en tu práctica y estudio. Establece un horario que funcione para ti y mantente comprometido con tu crecimiento.

## El Impacto en los Ingresos

El desarrollo de habilidades puede tener un impacto directo en tus ingresos de varias maneras:

## 1. Mayor Calificación para Puestos de Trabajo

Cuando tienes habilidades adicionales y relevantes, te vuelves un candidato más atractivo para empleadores. Esto puede traducirse en la capacidad de calificar para trabajos mejor remunerados.

## 2. Aumento Salarial

En muchas empresas, el desarrollo de habilidades es recompensado con aumentos salariales. Cuando demuestras un mayor valor para tu empleador debido a tus habilidades mejoradas, es más probable que obtengas un aumento.

### 3. Oportunidades de Empleo Adicional

Las nuevas habilidades pueden abrir puertas a oportunidades de empleo adicionales, como trabajos secundarios o proyectos de consultoría. Esto te brinda múltiples fuentes de ingresos.

### 4. Emprendimiento Exitoso

Si estás interesado en emprender, el desarrollo de habilidades empresariales puede marcar la diferencia entre el éxito y el fracaso de tu negocio. La capacidad de gestionar eficazmente tu negocio y promocionarlo puede aumentar tus ingresos.

Estadísticas y Tendencias

Algunas estadísticas resaltan la importancia del desarrollo de habilidades en el aumento de ingresos:

Según datos del Banco Mundial, el 50% del aumento de los ingresos laborales en los países en desarrollo se atribuye a una mayor educación y desarrollo de habilidades.

Un informe de la OCDE revela que las personas con educación y habilidades avanzadas tienen un 30% más de probabilidades de estar empleadas que las personas con habilidades básicas.

Según el informe de la Oficina de Estadísticas Laborales de EE. UU., las personas con una educación más alta tienen una mayor tasa de empleo y ganan más en promedio que las personas con menor educación.

El desarrollo de habilidades es una inversión en tu futuro financiero. Te prepara para un mercado laboral en constante cambio, te hace más competitivo y te brinda la oportunidad de mejorar tus ingresos. No subestimes el poder de aprender y mejorar constantemente tus habilidades. Ya sea a través de la educación formal, la práctica constante o la búsqueda de oportunidades de mentoría, el desarrollo de habilidades te permite avanzar hacia una posición financiera más sólida y te ayuda a alcanzar tus metas económicas. En última instancia, es una herramienta poderosa para lograr la independencia financiera y asegurar un futuro más próspero

# Estilo de Vida y Gestión de Gastos

## Simplificación del Estilo de Vida

exploraremos en qué consiste esta simplificación y por qué es tan esencial para aquellos que buscan alcanzar la independencia financiera y jubilarse temprano.

### ¿Qué Significa Simplificar el Estilo de Vida?

Simplificar el estilo de vida se refiere a reducir gastos y eliminar gastos innecesarios para poder ahorrar e invertir una mayor parte de los ingresos. Esta simplificación no significa necesariamente vivir en la austeridad extrema o renunciar a todas las comodidades, sino más bien priorizar y gastar conscientemente en las cosas que realmente importan, al tiempo que se elimina el desperdicio financiero.

### Importancia de Simplificar el Estilo de Vida

La simplificación del estilo de vida es fundamental en el camino hacia la independencia financiera y el retiro temprano por varias razones:

### 1. Aumento de la Tasa de Ahorro

Al reducir los gastos superfluos y enfocarse en lo esencial, las personas que siguen FIRE pueden aumentar significativamente su tasa de ahorro. Esto significa que pueden destinar una parte mucho mayor de sus ingresos al ahorro e inversión, acelerando así su progreso hacia la independencia financiera.

## 2. Reducción de la Dependencia del Empleo Tradicional

La simplificación del estilo de vida permite a las personas depender menos de sus trabajos tradicionales. Cuanto menos dinero necesiten para mantener su estilo de vida, menos tiempo deben pasar trabajando para ganar ese dinero. Esto les brinda la flexibilidad de considerar opciones de empleo más flexibles o incluso el retiro anticipado.

## 3. Enfoque en lo que Realmente Importa

Al simplificar, las personas pueden enfocarse en lo que realmente importa para ellas en lugar de consumir por hábito. Esto puede incluir pasar más tiempo con la familia, invertir en hobbies o dedicarse a proyectos significativos que les apasionen.

## 4. Reducción del Estrés Financiero

La simplificación financiera reduce el estrés relacionado con el dinero. Cuando las personas tienen un presupuesto ordenado y saben que están viviendo dentro de sus posibilidades, experimentan menos ansiedad financiera y pueden disfrutar de una mayor tranquilidad mental.

Estrategias para Simplificar el Estilo de Vida

Simplificar el estilo de vida implica tomar decisiones conscientes sobre dónde gastar y dónde ahorrar. Aquí hay algunas estrategias comunes que las personas pueden utilizar para simplificar su estilo de vida:

1. Presupuesto Riguroso

Un presupuesto detallado es fundamental. Registra todos tus gastos para identificar áreas en las que puedes reducir gastos innecesarios y asignar más fondos a tus metas de ahorro e inversión.

2. Reducción de Deudas

Eliminar las deudas es una prioridad. Las deudas generan pagos mensuales que pueden limitar tu capacidad de ahorrar e invertir. Al reducir o eliminar las deudas, puedes liberar más dinero para tus objetivos financieros.

3. Compras Conscientes

Practica el consumo consciente. Antes de hacer una compra, pregúntate si realmente necesitas el artículo y si encaja en tus objetivos financieros a largo plazo.

## 4. Vivienda Asequible

La elección de una vivienda asequible es crucial. Muchas personas optan por viviendas más pequeñas o en áreas con un costo de vida más bajo para reducir los gastos de vivienda.

## 5. Evitar el Consumismo

El consumismo excesivo puede ser una trampa para las finanzas. En lugar de comprar cosas por impulso, considera el valor a largo plazo de tus compras y busca alternativas más económicas.

## 6. Maximizar la Eficiencia

Busca formas de maximizar la eficiencia en tu vida diaria. Esto puede incluir el uso del transporte público en lugar de tener un automóvil propio, cocinar en casa en lugar de comer fuera con frecuencia y reducir el consumo de energía en tu hogar.

La simplificación del estilo de vida es esencial y desempeña un papel fundamental en la búsqueda de la independencia financiera y el retiro temprano. Al reducir gastos innecesarios y enfocarse en lo esencial, las personas pueden aumentar sus tasas de ahorro, reducir su dependencia de empleos tradicionales y vivir una vida más enfocada en lo que realmente importa. La simplificación financiera no significa renunciar a todas las comodidades, sino más bien hacer elecciones conscientes y alinear los gastos con los objetivos financieros a largo plazo. En última instancia, permite una mayor flexibilidad y tranquilidad financiera a lo largo de la vida.

## Redefiniendo la Relación con el Consumo

No se trata simplemente de ahorrar dinero; se trata de tomar el control consciente de cómo gastamos y de qué manera nuestras decisiones financieras afectan nuestros objetivos de independencia financiera y retiro temprano.

### El Consumismo y su Impacto

La sociedad moderna a menudo promueve el consumismo, la idea de que comprar más cosas conduce a una mayor satisfacción y felicidad. Sin embargo, este enfoque en el consumo a menudo lleva a problemas financieros, deuda y una sensación de vacío en lugar de la felicidad esperada.

Debemos desafiar esta noción al cuestionar el valor real de las compras impulsivas y considerar cómo nuestras decisiones de gasto impactan nuestros objetivos financieros a largo plazo.

### Priorizando el Gasto Consciente

Se debe priorizar el gasto consciente sobre el gasto impulsivo. Esto implica tomar decisiones informadas sobre cómo gastar el dinero y reflexionar sobre si una compra realmente aporta valor a tu vida.

En lugar de comprar cosas por impulso, debemos hacernos preguntas como:

¿Realmente necesito esto?

¿Esta compra me acerca o me aleja de mis objetivos financieros?

¿Puedo encontrar una alternativa más económica?

¿Esta compra se alinea con mis valores y prioridades?

Esta mentalidad de gasto consciente no solo ahorra dinero a largo plazo, sino que también puede conducir a una vida más significativa y menos estresante.

Redefiniendo el Éxito y la Felicidad

Uno de los aspectos más poderosos de este modelo es su capacidad para redefinir el éxito y la felicidad. A menudo, la sociedad asocia el éxito con la acumulación de bienes materiales y el estatus social basado en el consumo.

El éxito se relaciona con la libertad financiera, la capacidad de tomar decisiones basadas en deseos y valores personales en lugar de necesidades económicas. La felicidad se encuentra en la libertad de perseguir pasiones, pasar tiempo con seres queridos y contribuir a la comunidad, en lugar de comprar constantemente cosas nuevas.

La Importancia de la Independencia Financiera

Significa que tienes suficiente riqueza y activos generadores de ingresos para cubrir tus gastos de vida sin depender de un trabajo tradicional. Esto te brinda la libertad de elegir cómo deseas gastar tu tiempo y energía, en lugar de verse obligado a trabajar para ganar dinero.

Al abrazar la independencia financiera como un objetivo, debes estar dispuestas a sacrificar gastos superfluos para alcanzar este estado de libertad. Esto puede significar reducir los gastos en áreas como vivienda, transporte y entretenimiento para acelerar el camino hacia la independencia financiera.

Estrategias para Redefinir la Relación con el Consumo

Para aquellos que desean adoptar una mentalidad de consumo consciente, aquí hay algunas estrategias clave:

1. Establecer Metas Financieras Claras

Define tus metas financieras a corto y largo plazo. Esto te ayudará a tomar decisiones de gasto que estén alineadas con tus objetivos.

## 2. Llevar un Registro de Gastos

Mantén un registro detallado de tus gastos para identificar áreas donde puedes reducir el gasto innecesario.

## 3. Priorizar la Calidad sobre la Cantidad

En lugar de buscar la acumulación de bienes materiales, busca la calidad y el valor duradero en tus compras.

## 4. Practicar el Minimalismo

El minimalismo implica poseer menos cosas y enfocarse en lo que realmente importa. Considera simplificar tus posesiones y estilo de vida.

## 5. Considerar Compras de Segunda Mano

Explora la opción de comprar artículos usados o reacondicionados en lugar de siempre optar por productos nuevos.

## 6. Reflexionar Antes de Comprar

Antes de realizar una compra, tómate un momento para reflexionar sobre si realmente necesitas el artículo y si aportará valor a tu vida.

Redefinir la relación con el consumo al cuestionar la idea de que comprar más cosas lleva a una mayor felicidad y éxito. En su lugar promover el gasto consciente, el ahorro agresivo y la búsqueda de la independencia financiera como una forma de lograr una vida más significativa y libre. Al abrazar esta mentalidad, las personas pueden liberarse de la trampa del consumismo y tomar el control de su futuro financiero y su felicidad.

## El Consumismo y su Impacto

La sociedad moderna a menudo promueve el consumismo, la creencia de que la felicidad y el éxito están directamente relacionados con la posesión de bienes materiales. Sin embargo, esta búsqueda constante de más cosas puede tener efectos negativos en las finanzas personales y en la satisfacción general de la vida.

Este modelo desafía esta narrativa al argumentar que la acumulación de objetos materiales no necesariamente conduce a una vida más plena y satisfactoria. En cambio, sugiere que invertir en experiencias y momentos significativos puede tener un impacto mucho más positivo en la calidad de vida.

## Experiencias como Inversión en Felicidad

Se considera que las experiencias son una inversión en felicidad a largo plazo. En lugar de gastar en cosas que pueden perder su valor con el tiempo, opta por invertir en momentos y vivencias que pueden enriquecer tus vidas de maneras que los objetos materiales no pueden.

Estas experiencias pueden incluir viajar, aprender nuevas habilidades, participar en actividades al aire libre, disfrutar de la cultura local y pasar tiempo de calidad con seres queridos. La idea es que estas vivencias generen recuerdos duraderos y contribuyan a una vida más significativa.

## Priorizando las Experiencias

### 1. Establecer Metas Financieras

FIRE comienza con la definición de metas financieras claras. Esto ayuda a las personas a enfocarse en lo que realmente desean lograr, lo que a menudo incluye la posibilidad de disfrutar de experiencias significativas en lugar de comprar cosas.

## 2. Presupuesto Consciente

Llevar un presupuesto consciente es fundamental. Asignar fondos específicos para experiencias y viajes, lo que les permite disfrutar de estas actividades sin sentirse culpables.

## 3. Eliminar Gastos Innecesarios

Reducir los gastos innecesarios en bienes materiales libera recursos financieros para invertir en experiencias. Esto puede incluir la disminución de compras impulsivas y la revisión de suscripciones y gastos superfluos.

## 4. Valorar el Tiempo

Se valora el tiempo tanto como el dinero. Al tener la independencia financiera, las personas pueden disfrutar de experiencias sin tener que preocuparse por pedir tiempo libre en el trabajo o ajustarse a un calendario rígido.

## 5. Crear Recuerdos Duraderos

El enfoque en experiencias permite a las personas crear recuerdos duraderos que enriquecen sus vidas a largo plazo. Estos recuerdos pueden traer alegría mucho después de que los objetos materiales hayan perdido su atractivo.

## Impacto en la Búsqueda de la Independencia Financiera

El enfoque en experiencias sobre bienes materiales puede tener un impacto positivo en la búsqueda de la independencia financiera y el retiro anticipado. Aquí hay algunas formas en que esto sucede:

### 1. Menos Gastos a Largo Plazo

La inversión en experiencias tiende a ser menos costosa a largo plazo que la acumulación de bienes materiales. Esto significa que las personas pueden alcanzar su independencia financiera más rápidamente al reducir los gastos a largo plazo.

### 2. Mayor Satisfacción de Vida

Las experiencias significativas a menudo contribuyen a una mayor satisfacción de vida. Esto puede hacer que las personas se sientan menos inclinadas a buscar la felicidad a través de compras materiales, lo que ahorra dinero en el proceso.

### 3. Menos Estrés Financiero

Reducir el gasto en bienes materiales puede reducir el estrés financiero. Al tener un enfoque más equilibrado en las finanzas y el disfrute de la vida, las personas pueden experimentar una mayor tranquilidad mental.

# Estrategias para Reducción de Gastos

La Importancia de Reducir Gastos

La reducción de gastos es fundamental por varias razones:

## 1. Aumento de la Tasa de Ahorro

Al reducir tus gastos, puedes aumentar tu tasa de ahorro. Esto significa que puedes destinar una mayor parte de tus ingresos al ahorro e inversión, acelerando así tu progreso hacia la independencia financiera.

## 2. Mayor Flexibilidad

Cuanto menos dinero necesites para mantener tu estilo de vida, menos dependerás de un trabajo tradicional. Esto te brinda la flexibilidad de elegir trabajar en empleos que realmente disfrutes o incluso considerar el retiro anticipado.

## 3. Reducción del Estrés Financiero

La reducción de gastos también reduce el estrés relacionado con el dinero. Cuando tienes un presupuesto ajustado y vives dentro de tus posibilidades, experimentas menos ansiedad financiera y puedes disfrutar de una mayor tranquilidad.

Estrategias Efectivas para la Reducción de Gastos

A continuación, se presentan algunas estrategias efectivas para reducir sus gastos:

## 1. Presupuesto Riguroso

Un presupuesto es una herramienta fundamental. Registra todos tus ingresos y gastos para tener una visión clara de dónde va tu dinero. Un presupuesto riguroso te permite identificar áreas en las que puedes recortar gastos innecesarios.

## 2. Eliminación de Deudas

Las deudas generan pagos mensuales que pueden limitar tu capacidad de ahorro e inversión. Prioriza la eliminación de deudas, comenzando por aquellas con tasas de interés más altas, como las tarjetas de crédito.

## 3. Gastos Innecesarios

Revisa tus gastos y elimina lo innecesario. Esto puede incluir suscripciones que ya no utilizas, comidas fuera de casa con demasiada frecuencia o compras impulsivas. Pregunta si cada gasto contribuye a tus metas financieras.

## 4. Vivienda Asequible

La vivienda suele ser uno de los gastos más significativos. Considera vivir en una casa o departamento más pequeño, buscar opciones de vivienda más asequibles o compartir los gastos de vivienda con compañeros de cuarto.

## 5. Transporte Inteligente

Opta por formas de transporte más económicas, como el transporte público, la bicicleta o compartir viajes. La posesión y el mantenimiento de un automóvil pueden ser costosos.

## 6. Compras Conscientes

Antes de realizar una compra, reflexiona sobre si realmente necesitas el artículo y si aportará valor a tu vida. Compra con intención y evita compras impulsivas.

## 7. Cocina en Casa

Cocinar en casa en lugar de comer fuera de casa con frecuencia puede ahorrarte una cantidad significativa de dinero a lo largo del tiempo. Además, te permite tener un mayor control sobre tu dieta y tus gastos.

### 8. Energía y Utilidades

Busca formas de reducir el consumo de energía y agua en tu hogar. Esto puede incluir la instalación de bombillas LED, ajustar el termostato y reparar fugas.

### 9. Compras Inteligentes

Cuando sea necesario realizar compras, busca ofertas, utiliza cupones y compara precios. Considera comprar artículos usados o reacondicionados en lugar de nuevos.

### Presupuesto y Control de Gastos

Uno de los pilares fundamentales para lograr estos objetivos es el presupuesto y el control de gastos.

### Importancia del Presupuesto

Un presupuesto es una herramienta esencial que te permite tomar el control de tus finanzas y planificar tus gastos de manera efectiva.

Establecimiento de Metas Claras: Un presupuesto te ayuda a definir metas financieras claras. ¿Cuánto necesitas ahorrar para alcanzar la independencia financiera? ¿Cuándo deseas retirarte? Un presupuesto te proporciona las respuestas.

Control de Gastos: Te ayuda a evitar gastos innecesarios y a mantener un seguimiento cercano de tus gastos para que puedas ajustarte a tu plan de ahorro.

Maximización del Ahorro: Al asignar conscientemente una parte significativa de tus ingresos al ahorro e inversión, puedes acelerar tu progreso hacia la independencia financiera.

Identificación de Áreas de Mejora: Un presupuesto te permite identificar áreas en las que puedes reducir gastos y redirigir esos fondos hacia tu objetivo personal.

Ejemplo de Presupuesto Mensual

A continuación, se presenta un ejemplo simplificado de un presupuesto mensual. Supongamos que tus ingresos mensuales netos son de $40,000 y tu objetivo es ahorrar al menos el 50% de tus ingresos para alcanzar la independencia financiera en 15 años.

Ingresos: $40,000

Gastos Fijos:

Vivienda: $8000

Transporte: $2000

Servicios Públicos: $1000

Comida: $3000

Gastos Variables:

Entretenimiento: $1000

Ropa: $500

Ahorro e Inversión: $14,500 (el 50% de tus ingresos)

En este ejemplo, los gastos fijos son los gastos esenciales que debes pagar todos los meses, como el alquiler, el transporte y los servicios públicos. Los gastos variables son aquellos que pueden variar mes a mes, como entretenimiento y ropa. El objetivo es mantener estos gastos lo más bajos posible sin sacrificar tu calidad de vida.

## Minimización de Deudas y Pagos de Intereses

La minimización de deudas y pagos de intereses es un pilar fundamental de las finanzas personales saludables. Mantener las deudas bajo control y reducir los intereses que pagas puede liberar recursos financieros significativos para alcanzar tus metas financieras. En este artículo, exploraremos por qué es importante minimizar las deudas y los intereses, y proporcionaremos ejemplos concretos para ilustrar cómo hacerlo.

### La Importancia de Minimizar Deudas

La acumulación de deudas puede ser una trampa financiera que dificulta alcanzar tus objetivos financieros. Aquí hay algunas razones por las cuales es esencial minimizar las deudas:

### 1. Menos Estrés Financiero

Las deudas pueden generar estrés financiero, ya que los pagos mensuales pueden pesar sobre tu presupuesto. Al minimizar las deudas, puedes experimentar una mayor tranquilidad financiera.

## 2. Mayor Capacidad de Ahorro e Inversión

Cuanto menos dinero destines a pagar deudas, más podrás ahorrar e invertir para tus objetivos financieros a largo plazo, como la jubilación, la educación de tus hijos o la compra de una casa.

## 3. Mayor Flexibilidad Financiera

Al tener menos deudas, eres más flexible para tomar decisiones financieras importantes, como cambiar de trabajo, emprender un negocio o enfrentar gastos inesperados.

## 4. Menos Intereses Pagados

Cada vez que tienes una deuda, estás pagando intereses a alguien más. Al minimizar las deudas, reduces la cantidad de dinero que pagas en intereses a lo largo del tiempo.

## Ejemplos de Minimización de Deudas e Intereses

A continuación, se presentan ejemplos concretos de estrategias para minimizar deudas y pagos de intereses:

## 1. Reducción de Deuda de Tarjeta de Crédito

Ejemplo: Imagina que tienes una deuda de tarjeta de crédito de $50,000 con una tasa de interés del 18%. Si haces pagos mínimos de $1000 al mes, te llevaría más de 7 años pagarla y pagarías más de $35,000 en intereses. En cambio, si aumentas tus pagos a $2,500 al mes, podrías pagarla en aproximadamente 2 años y ahorrar más de $30,000 en intereses.

## 2. Consolidación de Deudas

Ejemplo: Si tienes múltiples deudas con tasas de interés altas, como tarjetas de crédito y préstamos personales, considera consolidarlas en un préstamo con una tasa de interés más baja. Esto puede reducir tus pagos mensuales y la cantidad total de intereses pagados.

## 3. Refinanciación de Préstamos Estudiantiles

Ejemplo: Si tienes préstamos estudiantiles con tasas de interés elevadas, investiga la refinanciación. Al refinanciar a una tasa de interés más baja, puedes reducir tus pagos mensuales y ahorrar dinero en intereses a lo largo de la vida del préstamo.

## 4. Estrategia de Pago Adicional

Ejemplo: Supongamos que tienes una hipoteca de $2,000,000 a 30 años con una tasa de interés del 4%. Si haces un pago adicional de $1000 cada mes, podrías pagar tu hipoteca en aproximadamente 25 años y ahorrar más de $200,000 en intereses.

## 5. Evitar Nuevas Deudas

Ejemplo: Establece un presupuesto y un fondo de emergencia para evitar recurrir a nuevas deudas en caso de gastos inesperados. Esto te ayudará a evitar pagar intereses adicionales.

## 6. Uso Responsable de Tarjetas de Crédito

Ejemplo: Si utilizas tarjetas de crédito, paga el saldo completo cada mes para evitar cargos por intereses. Utiliza tarjetas de crédito con programas de recompensas para obtener beneficios adicionales sin incurrir en deudas.

La minimización de deudas y pagos de intereses es esencial para lograr una salud financiera sólida y alcanzar tus metas financieras a largo plazo. Al reducir las deudas, puedes liberar recursos financieros para el ahorro, la inversión y la construcción de un futuro financiero más sólido. Utiliza estrategias como la reducción de gastos, la refinanciación y la estrategia de pago adicional para minimizar tus deudas y trabajar hacia una vida financiera más libre de preocupaciones.

# Manteniendo el Rumbo hacia la Independencia Financiera.

## Seguimiento y Ajuste de Objetivos

Es tan importante como establecer metas financieras es el seguimiento y ajuste de esos objetivos a medida que avanzas en tu viaje hacia la libertad financiera y el retiro anticipado.

### La Importancia del Seguimiento y Ajuste de Objetivos

El camino hacia la libertad financiera y el retiro temprano puede ser largo y está lleno de desafíos. A medida que avanzas en tu viaje, es probable que surjan cambios en tu vida y en tu situación financiera. El seguimiento y ajuste de objetivos son esenciales por varias razones:

### 1. Cambios en las Circunstancias Personales

La vida está llena de cambios. Puedes conseguir un nuevo trabajo, tener un hijo, enfrentar gastos médicos inesperados o experimentar otros eventos que afecten tu situación financiera. Estos cambios pueden requerir ajustes en tus objetivos financieros para adaptarse a tu nueva realidad.

## 2. Evolución de tus Prioridades

A medida que avanzas en tu viaje, tus prioridades financieras pueden cambiar. Lo que era importante para ti hace unos años puede no serlo tanto en la actualidad. Es esencial ajustar tus objetivos para reflejar tus valores y metas actuales.

## 3. Cambios en las Condiciones del Mercado

Las condiciones económicas y del mercado pueden variar con el tiempo. Los rendimientos de las inversiones pueden fluctuar, lo que puede requerir ajustes en tus estrategias de inversión y, por lo tanto, en tus objetivos.

## Ejemplos de Seguimiento y Ajuste de Objetivos

A continuación, se presentan ejemplos concretos de situaciones en las que el seguimiento y ajuste de objetivos son cruciales en el modelo FIRE:

## 1. Cambio de Trabajo

Ejemplo: Imagina que consigues un nuevo trabajo con un salario más alto. Esto puede acelerar tu camino hacia la independencia financiera. Puedes ajustar tus objetivos para aumentar la cantidad que ahorras e inviertes cada mes.

## 2. Nacimiento de un Hijo

Ejemplo: Si tienes un hijo, tus gastos pueden aumentar significativamente. Esto podría requerir un ajuste en tu plan para tener en cuenta los gastos adicionales, como el cuidado de niños o la educación.

## 3. Cambios en las Tasas de Interés

Ejemplo: Si las tasas de interés bajan y tus inversiones no rinden tanto como esperabas, es posible que debas ajustar tu estrategia de inversión y tu objetivo para reflejar un período de acumulación de riqueza más largo.

## 4. Cambios en las Prioridades de Estilo de Vida

Ejemplo: Con el tiempo, tus prioridades de estilo de vida pueden evolucionar. Quizás decidas priorizar experiencias sobre posesiones materiales. Esto puede llevar a un ajuste en tu presupuesto y en la cantidad que necesitas ahorrar para alcanzar la independencia financiera.

## 5. Gastos Inesperados

Ejemplo: Si te enfrentas a gastos médicos inesperados o a reparaciones costosas en tu hogar, es posible que necesites ajustar temporalmente tu presupuesto para hacer frente a estas situaciones.

Cómo Seguir y Ajustar tus Objetivos

El seguimiento y ajuste de objetivos no significa necesariamente abandonar tus metas, sino adaptarlas a la realidad en constante cambio. Aquí hay algunas formas de hacerlo de manera efectiva:

Revisión Regular: Establece un período regular para revisar tus objetivos financieros y tu progreso hacia ellos. Puede ser mensual, trimestral o anual, según tus preferencias.

Flexibilidad: Mantén una actitud flexible y abierta a la adaptación. Estar dispuesto a ajustar tus objetivos según sea necesario es una.

Mantén tus Metas Visibles: Mantén tus objetivos visibles, ya sea en un tablero de visión o en una hoja de seguimiento. Esto te ayudará a mantenerte enfocado y recordar tus metas a medida que haces ajustes.

Busca Asesoramiento: Consulta con un asesor financiero para obtener ideas y perspectivas sobre cómo ajustar tus objetivos de manera efectiva.

Importancia de la Evaluación y Reajuste Regular

La vida está llena de cambios, y es esencial realizar evaluaciones periódicas y ajustes en tu estrategia financiera para alcanzar tu libertad financiera.

## Cómo Realizar una Evaluación Efectiva

La evaluación y el reajuste efectivos requieren un enfoque estratégico. Aquí hay algunas pautas para realizar una evaluación efectiva:

Establece un Calendario: Define un calendario regular para revisar tus objetivos financieros y tu progreso hacia ellos. Esto podría ser mensual, trimestral o anual, según tu preferencia.

Sé Flexible: Mantén una mentalidad flexible y esté dispuesto a adaptar tus objetivos a medida que cambian tus circunstancias y metas.

Revise tus Metas: Asegúrate de que tus objetivos sigan siendo relevantes y alineados con tus valores y prioridades actuales.

Busca Asesoramiento: Consulta con asesores financieros para obtener perspectivas y orientación en tus decisiones de reajuste.

# Celebración de Logros Intermedios

Durante este viaje, es importante celebrar los logros intermedios para mantener la motivación y reconocer el progreso que has hecho. Exploraremos por qué la celebración de logros intermedios es crucial y proporcionaremos ejemplos concretos para ilustrar su importancia.

El Valor de Celebrar Logros Intermedios

El viaje hacia la libertad financiera puede abarcar varios años o incluso décadas. En este período, es fácil sentirse abrumado por la magnitud de tus objetivos financieros. Aquí hay razones convincentes para celebrar logros intermedios:

1. Mantener la Motivación

El camino puede ser desafiante, y a veces puede parecer un esfuerzo interminable. Celebrar logros intermedios te ayuda a mantener la motivación y el enfoque a medida que avanzas hacia tus metas más grandes.

## 2. Reconocer el Progreso

Al celebrar logros intermedios, puedes tomar un momento para reflexionar sobre cuánto has avanzado desde que comenzaste tu viaje hacia la libertad financiera. Reconocer el progreso te impulsa a seguir adelante.

## 3. Reforzar Buenos Hábitos

La celebración de logros intermedios refuerza los buenos hábitos financieros. Cuando ves que tu esfuerzo se traduce en resultados tangibles, te sientes más motivado para mantener y mejorar esos hábitos.

## Ejemplos de Logros Intermedios

A continuación, presentamos ejemplos concretos de logros intermedios que puedes celebrar:

## 1. Alcanzar un Objetivo de Ahorro Mensual

Ejemplo: Supongamos que tu objetivo es ahorrar el 30% de tus ingresos cada mes. Cuando logres esto por primera vez, celebra el hito y reconoce que estás viviendo por debajo de tus posibilidades para alcanzar tu independencia financiera.

## 2. Aumentar tus Ingresos

Ejemplo: Si has trabajado en aumentar tus ingresos, como a través de un trabajo paralelo o un aumento de sueldo, celebra este logro. Demuestra que estás tomando medidas activas para acelerar tu camino hacia la libertad financiera .

## 3. Pagar una Deuda Significativa

Ejemplo: Si has logrado liquidar una deuda importante, como un préstamo estudiantil o un préstamo de automóvil, esto es motivo de celebración. Menos deuda significa más libertad financiera.

## 4. Alcanzar un Nivel de Inversión Específico

Ejemplo: Si tu objetivo es alcanzar un cierto nivel de inversión, como $100,000, y lo logras, celebra este hito financiero. Esto demuestra que estás acumulando riqueza y avanzando.

## Cómo Celebrar Logros Intermedios de Manera Efectiva

La celebración de logros intermedios no tiene que ser extravagante ni costosa, pero debe ser significativa para ti. Aquí hay algunas formas efectivas de celebrar tus logros:

Establece Objetivos Claros: Define objetivos intermedios específicos y cuantificables para que sepas exactamente qué estás celebrando.

Registra tus Logros: Lleva un registro de tus éxitos financieros en un diario o en una hoja de seguimiento. Esto te permite ver tu progreso con el tiempo.

Premia con Tiempo de Calidad: Dedica tiempo de calidad a ti mismo o a tu familia como recompensa. Puedes planificar una cena especial, un día de diversión o un pequeño viaje.

Comparte tus Logros: Comparte tus éxitos con amigos y familiares que apoyen tus objetivos. Compartir tus logros con otros puede hacer que la celebración sea aún más significativa.

## Superando Obstáculos y Desafíos

### Manejo de Crisis Financieras Inesperadas

La vida está llena de sorpresas y crisis financieras inesperadas que pueden poner en peligro tus metas.

La Inevitabilidad de las Crisis Financieras

Nadie está exento de enfrentar crisis financieras en algún momento de su vida. Estas crisis pueden tomar muchas formas, como gastos médicos inesperados, pérdida de empleo, reparaciones importantes en el hogar o eventos imprevistos. Es esencial estar preparado para estos desafíos financieros.

Por qué es Importante el Manejo de Crisis Financieras

Proteger tus Activos de Inversión: gran parte de tu riqueza puede estar invertida en activos como acciones, bienes raíces o fondos de inversión. Las crisis financieras pueden requerir que vendas estos activos en momentos inoportunos, lo que podría afectar negativamente tu crecimiento patrimonial.

Evitar la Deuda Añadida: En muchas crisis financieras, las personas recurren a préstamos o tarjetas de crédito para hacer frente a los gastos inesperados. Esto puede resultar en deudas adicionales y un aumento en los intereses a largo plazo.

Mantener la Motivación: Las crisis financieras pueden ser desalentadoras y hacer que te sientas tentado a abandonar tus objetivos. Un manejo adecuado te permite mantener tu motivación y seguir trabajando hacia la libertad financiera.

Consejos para el Manejo de Crisis Financieras

Fondo de Emergencia: Mantén un fondo de emergencia bien abastecido. La regla general es tener suficiente para cubrir al menos tres a seis meses de gastos básicos. Esto te proporcionará un colchón financiero en caso de crisis.

Seguro Adecuado: Asegúrate de tener los seguros adecuados en su lugar, como seguro de gastos médicos, seguro de hogar y seguro de desempleo si es aplicable. Un buen seguro puede ayudarte a cubrir los costos en caso de eventos inesperados.

Planificación Anticipada: Considera las posibles crisis financieras al crear tu plan de libertad financiera. Incluye un margen de seguridad en tu presupuesto para hacer frente a gastos imprevistos.

Reducción Temporal de Gastos: Si te enfrentas a una crisis financiera, evalúa qué gastos puedes reducir temporalmente para conservar tu capital. Esto podría incluir recortar gastos discrecionales como entretenimiento o viajes.

Reevaluación de Objetivos: En situaciones extremadamente difíciles, es posible que debas reevaluar temporalmente tus objetivos. Esto podría significar ajustar tu fecha prevista de libertad financiera o reducir la cantidad que planeas ahorrar e invertir temporalmente.

Ejemplo Práctico

Imagina que estás en camino hacia la libertad financiera y has acumulado un fondo de emergencia sólido. Sin embargo, enfrentas una crisis financiera inesperada debido a una enfermedad que requiere tratamiento costoso. Aquí hay un ejemplo de cómo podrías manejar esta situación sin comprometer tus objetivos:

Utiliza tu Fondo de Emergencia: Utiliza tu fondo de emergencia para cubrir los gastos médicos inesperados sin tener que vender tus inversiones o incurrir en deudas adicionales.

Reevalúa Temporalmente tus Objetivos: Reconoce que la crisis financiera puede retrasar tu fecha de independencia financiera. Ajusta tu plan para tener en cuenta los gastos médicos y la posible reducción en tu capacidad de ahorro durante este período.

Mantén la Motivación: A pesar de la crisis, mantén el enfoque en tus objetivos a largo plazo. Una vez que la crisis haya pasado, puedes volver a acelerar tu camino hacia la independencia financiera.

# Retos, Fallos Comunes y Obstáculos en el camino hacia la libertad financiera

El camino hacia la libertad financiera es un desafío que puede transformar tu vida. Sin embargo, también presenta retos significativos, fallos comunes y obstáculos que debes superar para alcanzar tus objetivos financieros.

**Retos Importantes en el Camino a la libertad financiera**

1. Disciplina Financiera a Largo Plazo

Mantener una disciplina financiera a lo largo de muchos años es uno de los retos más importantes en el camino. Requiere la capacidad de mantener un alto nivel de ahorro e inversión durante décadas, a menudo sacrificando gastos a corto plazo por el beneficio a largo plazo de la libertad financiera.

2. Incertidumbre Económica

Los mercados financieros son inherentemente volátiles, y las recesiones económicas pueden afectar negativamente tus inversiones. Mantener la calma y la confianza en tu estrategia de inversión durante períodos de incertidumbre económica es un reto importante.

3. Cambios en las Circunstancias Personales

La vida está llena de cambios imprevistos, como la pérdida de empleo, enfermedades o gastos inesperados. Adaptarse a estas circunstancias y seguir avanzando puede ser un reto significativo.

Fallos Comunes en la Búsqueda de la libertad financiera

1. Falta de Planificación

Uno de los fallos más comunes es la falta de planificación financiera adecuada. Algunas personas se lanzan sin un plan sólido, lo que puede llevar a decisiones financieras impulsivas y poco informadas.

2. Subestimar los Gastos de Retiro

Otro fallo común es subestimar cuánto se necesitará para mantener un estilo de vida deseado durante la jubilación. No tener en cuenta todos los gastos puede poner en peligro la seguridad financiera en el retiro.

3. No Diversificar lo Suficiente

Algunos pueden centrarse demasiado en una sola estrategia de inversión o activo, lo que aumenta el riesgo en sus carteras. La falta de diversificación adecuada puede exponerlos a pérdidas significativas.

Obstáculos en el Camino hacia la libertad financiera

1. Deudas Significativas

Si tienes deudas significativas, como préstamos estudiantiles o hipotecas, puede ser más difícil alcanzar tu libertad financiera. Estas deudas pueden limitar la cantidad que puedes ahorrar e invertir.

2. Falta de Ingresos Altos

Las personas con ingresos moderados o bajos pueden enfrentar obstáculos adicionales FIRE, ya que pueden requerir un período de ahorro más largo.

3. Falta de Educación Financiera

La falta de conocimiento financiero puede ser un obstáculo importante. Para tomar decisiones financieras efectivas, es esencial comprender los principios de inversión, presupuesto y gestión financiera.

## Cómo Superar los Retos, Evitar Fallos y Vencer Obstáculos

Para superar los retos, evitar fallos comunes y vencer obstáculos, considera estas estrategias:

### 1. Educación Financiera

Invierte tiempo en aprender sobre finanzas personales e inversión. Cuanto más comprendas los principios financieros, mejor equipado estarás para tomar decisiones informadas.

### 2. Planificación Rigurosa

Crea un plan financiero detallado que incluya objetivos claros, presupuestos, estrategias de inversión y un fondo de emergencia sólido. La planificación rigurosa te ayuda a mantenerte enfocado y en el camino correcto.

### 3. Diversificación de Inversiones

Diversifica tu cartera de inversiones para reducir el riesgo. Considera la inversión en una variedad de activos, como acciones, bonos, bienes raíces y más.

## 4. Flexibilidad

Mantén una mente abierta y sé flexible en tu enfoque. La vida está llena de cambios, y estar dispuesto a adaptarte a nuevas circunstancias es fundamental.

## 5. Red de Apoyo

Busca una red de apoyo, ya sea en línea o en persona, de personas que compartan tus objetivos. Compartir experiencias y consejos puede ser valioso.

# ¿POR QUÉ VALE LA PENA COMENZAR TU CAMINO HACIA TU LIBERTAD FINANCIERA?

La idea de alcanzar la libertad financiera y la capacidad de retirarse temprano es un objetivo poderoso que atrae a muchas personas.

## Libertad y Flexibilidad

Uno de los aspectos más atractivos al alcanzar la libertad financiera, es que puedes tomar decisiones sobre cómo quieres vivir tu vida sin depender de un empleo tradicional. Esto significa que puedes elegir trabajar en proyectos que te apasionen, viajar, pasar más tiempo con tu familia o simplemente disfrutar de un estilo de vida más relajado. Te permite tomar las riendas de tu vida y diseñarla de acuerdo a tus valores y deseos.

## Reducción del Estrés Financiero

El estrés financiero es una carga que afecta a muchas personas en todo el mundo. Preocuparse por las deudas, los gastos mensuales y la jubilación puede tener un impacto significativo en tu bienestar emocional. Al trabajar hacia tu libertad financiera, estás tomando medidas activas para reducir el estrés financiero. Tener un fondo de emergencia sólido, estar libre de deudas y tener inversiones bien gestionadas brindan una sensación de seguridad y tranquilidad financiera.

## Oportunidad de Buscar tu Pasión

Cuando no estás constantemente preocupado por llegar a fin de mes, tienes la libertad de explorar tus pasiones y perseguir proyectos que realmente te importen. Muchos descubren que, una vez que alcanzan la independencia financiera, pueden centrarse en actividades que los llenan de satisfacción y significado. Esto puede llevar a una vida más enriquecedora y significativa en la jubilación anticipada.

## Planificación para un Futuro Mejor

Comenzar tu camino implica una planificación financiera rigurosa. Esto te obliga a ser consciente de tus ingresos, gastos e inversiones. A medida que avanzas en tu camino, adquieres habilidades valiosas de gestión financiera que te benefician a lo largo de toda tu vida. Aprendes a tomar decisiones financieras informadas y a aprovechar al máximo tus recursos.

## Tiempo para lo que Realmente Importa

El tiempo es uno de los recursos más valiosos que tenemos. Al buscar tu libertad financiera, estás tratando de maximizar tu tiempo para hacer lo que realmente importa. Ya sea pasar tiempo con tus seres queridos, explorar el mundo, aprender nuevas habilidades o contribuir a causas sociales.

## Libertad Financiera en Cualquier Etapa

Es importante destacar que no importa en qué etapa de la vida te encuentres, siempre puedes comenzar tu camino. Si bien es más fácil si comienzas a una edad temprana, con planificación y determinación, incluso aquellos que están más avanzados en sus carreras pueden lograr la independencia financiera y el retiro anticipado.

El camino representa una búsqueda valiosa y significativa para muchas personas. Ofrece la promesa de libertad, reducción del estrés financiero, la oportunidad de buscar tu pasión y la planificación para un futuro mejor. Al priorizar tu independencia financiera y trabajar hacia objetivos de retiro anticipado, puedes mejorar drásticamente tu calidad de vida y tener un impacto positivo en tu bienestar financiero a largo plazo.

# Plantillas y Herramientas Financieras

Hacer un seguimiento regular de tu proceso personal en el camino hacia tu libertad financiera es esencial para mantener el rumbo hacia tus objetivos financieros. Aquí tienes algunas herramientas básicas que puedes utilizar para dar seguimiento a tu progreso:

Hoja de Cálculo de Presupuesto: Una hoja de cálculo, como Microsoft Excel o Google Sheets, puede ayudarte a crear un presupuesto detallado. Registra tus ingresos y gastos mensuales para tener una visión clara de tus finanzas.

Aquí te proporciono una plantilla básica de hoja de cálculo de presupuesto en Microsoft Excel o Google Sheets que puedes utilizar como punto de partida. Puedes personalizarla según tus necesidades específicas.

Plantilla de Hoja de Cálculo de Presupuesto Mensual

| Categoría | Ingresos | Gastos | Diferencia |
|---|---|---|---|
| Ingreso Principal 1 | [Ingreso] | | |
| Ingreso Principal 2 | [Ingreso] | | |
| Ingreso Adicional 1 | [Ingreso] | | |
| Ingreso Adicional 2 | [Ingreso] | | |
| Total de Ingresos | [Total] | | [Total] |
| Vivienda | | [Gasto] | |
| Alimentación | | [Gasto] | |
| Transporte | | [Gasto] | |
| Servicios Públicos | | [Gasto] | |
| Deudas | | [Gasto] | |

| | | | |
|---|---|---|---|
| Entretenimiento | | [Gasto] | |
| Ahorro e Inversión | [Ingreso] | | |
| Total de Gastos | | [Total] | [Total] |
| Diferencia Mensual | [Total] | [Total] | [Total] |

Instrucciones:

En la columna "Categoría", enumera todas las categorías de ingresos y gastos relevantes para tu situación financiera. Puedes personalizar estas categorías según tus necesidades.

En la columna "Ingresos", registra todos tus ingresos mensuales, incluyendo tu salario, ingresos adicionales, bonificaciones u otras fuentes de ingresos.

En la columna "Gastos", registra todos tus gastos mensuales en las categorías correspondientes. Esto puede incluir gastos de vivienda, alimentación, transporte, servicios públicos, deudas, entretenimiento y cualquier otro gasto que tengas.

La columna "Diferencia" calculará automáticamente la diferencia entre tus ingresos y gastos. Un resultado positivo indica que estás gastando menos de lo que ganas, mientras que un resultado negativo indica que estás gastando más de lo que ganas.

Utiliza la fila "Total de Ingresos" y la fila "Total de Gastos" para calcular los totales mensuales de ingresos y gastos.

Revisa tu presupuesto regularmente para asegurarte de que estás siguiendo tu plan financiero y ajusta según sea necesario.

Esta plantilla te proporciona una forma organizada de realizar un seguimiento de tus finanzas mensuales y mantener un registro de tus ingresos y gastos. Puedes agregar más categorías o personalizarla según tu situación financiera única. El objetivo principal es mantener un presupuesto equilibrado que te ayude a trabajar hacia tus metas financieras.

Aplicaciones de Gestión Financiera: Existen varias aplicaciones disponibles, como Mint, YNAB (You Need A Budget) o Personal Capital, que pueden automatizar el seguimiento de tus transacciones y brindarte informes detallados sobre tu situación financiera.

Hoja de Cálculo de Seguimiento de Inversiones: Mantén un registro de tus inversiones utilizando una hoja de cálculo. Registra tus activos, las cantidades invertidas y el rendimiento de tus inversiones a lo largo del tiempo.

aquí tienes una plantilla básica de hoja de cálculo de seguimiento de inversiones en Microsoft Excel o Google Sheets que puedes utilizar como punto de partida. Puedes personalizarla según tus necesidades y la complejidad de tus inversiones.

Plantilla de Hoja de Cálculo de Seguimiento de Inversiones

| Fecha | Inversión | Tipo de Inversión | Monto Invertido ($) | Valor Actual ($) | Ganancia/ Pérdida ($) | Rendimiento (%) |
|---|---|---|---|---|---|---|
| 01/01/ 2023 | [Nombre] | [Tipo] | [Monto] | [Valor] | [Ganancia/ Pérdida] | [Rendimiento] |
| 01/02/ 2023 | [Nombre] | [Tipo] | [Monto] | [Valor] | [Ganancia/ Pérdida] | [Rendimiento] |
| 01/03/ 2023 | [Nombre] | [Tipo] | [Monto] | [Valor] | [Ganancia/ Pérdida] | [Rendimiento] |
| ... | ... | ... | ... | ... | ... | ... |

| Totale s | | | [Total Inver tido] | [To tal Val or] | [Total Ganancia/P érdida] | [Total Rendimi ento] |
|---|---|---|---|---|---|---|

Instrucciones:

En la columna "Fecha", registra la fecha en la que realizaste la inversión o la fecha de la última actualización.

En la columna "Inversión", proporciona un nombre o descripción breve de la inversión para identificarla fácilmente.

En la columna "Tipo de Inversión", indica el tipo de inversión, como acciones, bonos, fondos de inversión, bienes raíces, etc.

En la columna "Monto Invertido ($)", registra la cantidad de dinero que invertiste inicialmente en la inversión.

En la columna "Valor Actual ($)", ingresa el valor actual de la inversión en dólares.

La columna "Ganancia/Pérdida ($)" calculará automáticamente la diferencia entre el valor actual y el monto invertido, lo que te dará una idea de la ganancia o pérdida acumulada.

La columna "Rendimiento (%)" calculará automáticamente el rendimiento de la inversión en términos de porcentaje.

En la fila "Totales", obtén el total de los montos invertidos, el valor actual, las ganancias/pérdidas y el rendimiento acumulado.

Agrega filas adicionales para cada nueva inversión que realices y actualiza los valores según sea necesario.

Esta plantilla de seguimiento de inversiones te permitirá mantener un registro organizado de tus inversiones, calcular ganancias/pérdidas y evaluar el rendimiento de tu cartera. Puedes personalizarla y agregar más detalles según tus necesidades, como dividir las inversiones en diferentes categorías o agregar notas adicionales. El seguimiento constante de tus inversiones es esencial para tomar decisiones informadas y ajustar tu cartera a medida que trabajas hacia tus objetivos financieros

Calendario de Metas: Utiliza un calendario para establecer plazos para tus metas financieras. Marca fechas importantes, como cuándo planeas alcanzar la independencia financiera o realizar inversiones específicas.

aquí tienes una plantilla básica de calendario de metas en formato de hoja de cálculo en Microsoft Excel o Google Sheets que puedes utilizar para planificar y dar seguimiento a tus metas a lo largo del año.

Plantilla de Calendario de Metas Anuales

| Mes | Meta Principal | Submetas o Pasos | Fecha de Cumplimiento |
|---|---|---|---|
| Enero | [Descripción de la Meta] | [Descripción de los Pasos] | [Fecha] |
| Febrero | [Descripción de la Meta] | [Descripción de los Pasos] | [Fecha] |
| Marzo | [Descripción de la Meta] | [Descripción de los Pasos] | [Fecha] |
| Abril | [Descripción de la Meta] | [Descripción de los Pasos] | [Fecha] |
| Mayo | [Descripción de la Meta] | [Descripción de los Pasos] | [Fecha] |
| Junio | [Descripción de la Meta] | [Descripción de los Pasos] | [Fecha] |

| Mes | Meta Principal | Submetas o Pasos | Fecha |
|---|---|---|---|
| Julio | [Descripción de la Meta] | [Descripción de los Pasos] | [Fecha] |
| Agosto | [Descripción de la Meta] | [Descripción de los Pasos] | [Fecha] |
| Septiembre | [Descripción de la Meta] | [Descripción de los Pasos] | [Fecha] |
| Octubre | [Descripción de la Meta] | [Descripción de los Pasos] | [Fecha] |
| Noviembre | [Descripción de la Meta] | [Descripción de los Pasos] | [Fecha] |
| Diciembre | [Descripción de la Meta] | [Descripción de los Pasos] | [Fecha] |
| Totales | | | |

Instrucciones:

En la columna "Mes", enumera los meses del año en los que deseas establecer metas.

En la columna "Meta Principal", describe tu objetivo principal para cada mes. Por ejemplo, podría ser "Ahorrar $500 este mes" o "Perder 2 kilogramos este mes".

En la columna "Submetas o Pasos", desglosa las acciones específicas que tomarás para alcanzar esa meta principal. Por ejemplo, si tu meta es ahorrar dinero, los pasos podrían ser "Reducir gastos en entretenimiento" o "Crear un presupuesto".

En la columna "Fecha de Cumplimiento", establece una fecha específica en la que planeas lograr cada meta. Esto te ayudará a mantenerte enfocado y responsable.

En la fila "Totales", puedes realizar un seguimiento de los progresos acumulativos, como el total de metas alcanzadas en el año.

Utiliza esta plantilla para planificar tus metas mensuales a lo largo del año y hacer un seguimiento de tu progreso. Puedes personalizarla según tus necesidades y agregar tantas metas y submetas como desees. Esto te ayudará a mantener un enfoque claro en tus objetivos a medida que avanzas hacia tus metas financieras y personales.

Herramientas de Planificación Fiscal: Si estás gestionando impuestos como parte de tu estrategia, considera el uso de software de planificación fiscal o consulta con un profesional de impuestos.

Hoja de Cálculo de Patrimonio Neto: Lleva un registro de tu patrimonio neto a lo largo del tiempo. Esto te permite ver cómo tus activos y deudas cambian a medida que avanzas.

Aquí tienes una plantilla básica de hoja de cálculo de patrimonio neto en Microsoft Excel o Google Sheets que puedes utilizar para realizar un seguimiento de tu patrimonio neto a lo largo del tiempo.

Plantilla de Hoja de Cálculo de Patrimonio Neto

| Activo | Valor ($) |
|---|---|
| Cuentas Bancarias | [Monto] |
| Inversiones (Acciones, Bonos, etc.) | [Monto] |
| Bienes Raíces (Valor de Mercado) | [Monto] |
| Vehículos | [Monto] |
| Joyería, Arte, Colecciones, etc. | [Monto] |
| Otros Activos | [Monto] |
| Total de Activos | [Total] |
| Pasivo | Deuda ($) |
| Préstamos Hipotecarios | [Monto] |
| Préstamos de Auto | [Monto] |
| Tarjetas de Crédito | [Monto] |
| Préstamos Personales | [Monto] |

| Otros Pasivos | [Monto] |
| Total de Pasivos | [Total] |
| Patrimonio Neto | [Patrimonio Neto] |

Instrucciones:

En la columna "Activo", enumera todos tus activos financieros y bienes que posees, como cuentas bancarias, inversiones, bienes raíces, vehículos, joyería, arte y otros activos. Ingresa el valor actual de cada activo en la columna "Valor ($)".

En la columna "Pasivo", enumera todas tus deudas pendientes, como préstamos hipotecarios, préstamos de auto, tarjetas de crédito, préstamos personales y otros pasivos financieros. Ingresa el monto actual de cada deuda en la columna "Deuda ($)".

La fila "Total de Activos" calculará automáticamente la suma de todos tus activos, proporcionando el valor total de tus activos financieros y bienes.

La fila "Total de Pasivos" calculará automáticamente la suma de todas tus deudas, proporcionando el total de tus pasivos financieros.

La celda "Patrimonio Neto" calculará automáticamente la diferencia entre el total de activos y el total de pasivos, lo que te dará tu patrimonio neto actual.

Actualiza esta hoja de cálculo regularmente para reflejar cambios en el valor de tus activos y deudas.

Utiliza esta plantilla para realizar un seguimiento de tu patrimonio neto a lo largo del tiempo y evaluar tu situación financiera. A medida que tu patrimonio neto aumente, podrás ver el progreso hacia tus metas financieras.

Tablero de Control Financiero Personalizado: Puedes crear un tablero de control personalizado utilizando herramientas en línea como Trello o Airtable. Esto te permite realizar un seguimiento de tus objetivos, tareas pendientes y hitos financieros.

Diario Financiero: Llevar un diario puede ayudarte a registrar tus pensamientos, decisiones financieras y reflexiones a lo largo de tu viaje. Esto puede ser valioso para evaluar tu progreso y aprender de tus experiencias.

Aplicaciones de Gestión de Tiempo: Si parte de tu estrategia implica la búsqueda de fuentes adicionales de ingresos, considera utilizar aplicaciones de gestión de tiempo, para realizar un seguimiento de cuánto tiempo dedicas a proyectos paralelos.

Herramientas de Evaluación de Objetivos SMART: Utiliza herramientas específicas de evaluación de objetivos SMART (Específicos, Medibles, Alcanzables, Relevantes y con Plazo) para asegurarte de que tus objetivos sean claros y alcanzables.

Aquí tienes una plantilla básica de evaluación de objetivos SMART en Microsoft Excel o Google Sheets que puedes utilizar para definir, dar seguimiento y evaluar tus objetivos de manera efectiva.

Plantilla de Evaluación de Objetivos SMART

| Objetivo | Descripción del Objetivo | Fecha de Inicio | Fecha de Finalización | Estado del Objetivo | Progreso (%) |
|---|---|---|---|---|---|
| [Nombre del Objetivo] | [Descripción detallada] | [Fecha de Inicio] | [Fecha de Finalización] | [En Progreso / Completado] | [Porcentaje de Progreso] |
| [Nombre del Objetivo] | [Descripción detallada] | [Fecha de Inicio] | [Fecha de Finalización] | [En Progreso / Completado] | [Porcentaje de Progreso] |
| [Nombre del Objetivo] | [Descripción detallada] | [Fecha de Inicio] | [Fecha de Finalización] | [En Progreso / Completado] | [Porcentaje de Progreso] |
| ... | ... | ... | ... | ... | ... |

Instrucciones:

En la columna "Objetivo", proporciona un nombre descriptivo para tu objetivo específico.

En la columna "Descripción del Objetivo", detalla claramente el objetivo, utilizando el formato SMART (Específico, Medible, Alcanzable, Relevante y con Plazo).

En las columnas "Fecha de Inicio" y "Fecha de Finalización", establece las fechas de inicio y finalización para tu objetivo.

En la columna "Estado del Objetivo", indica si el objetivo está "En Progreso" o "Completado". Puedes actualizar esta columna a medida que avances hacia tu objetivo.

La columna "Progreso (%)" te permite ingresar el porcentaje de progreso hacia la finalización del objetivo. Esta columna es especialmente útil para objetivos medibles.

Agrega tantas filas como necesites para tus diferentes objetivos.

Utiliza esta plantilla para planificar y dar seguimiento a tus objetivos SMART. A medida que trabajes en tus metas, podrás evaluar fácilmente tu progreso y hacer ajustes según sea necesario para asegurarte de que estás avanzando hacia tus metas financieras y personales de manera efectiva.

Calculadoras de Retiro Temprano: Utiliza calculadoras en línea diseñadas para planificar tu retiro anticipado. Estas calculadoras pueden ayudarte a estimar cuánto necesitas ahorrar para alcanzar tu objetivo.

Recuerda que la elección de las herramientas dependerá de tus preferencias personales y de las áreas específicas en las que desees hacer un seguimiento. Lo más importante es ser constante en tu seguimiento y ajustar tu estrategia según sea necesario a lo largo del tiempo para alcanzar tus objetivos financieros.

# Conclusión.

La falta de cultura financiera a provocado que muchas personas lleguen a edades avanzadas con la necesidad de una tercera persona para poder sobrevivir.

Sin importar la edad que tengas, el poder arrancar hoy tu planeación financiera a futuro es de suma importancia.

Gracias a la tecnología, hoy existen grandes oportunidades de ahorrar e invertir de manera sencilla y con montos pequeños. Sin embargo, de nada sirve el que existan si no tienes una estrategia adecuada.

El objetivo de este libro es poderte proveer del conocimiento necesario para que puedes encontrar y utilizar adecuadamente esas herramientas con una meta clara.

Te puedo asegurar, que, si defines claramente tu meta, si te empiezas a organizar y a preparar, los resultados que puedes obtener te van a sorprender.

Al terminar este libro, ya tienes claro el costo de tu estilo de vida, tu número de libertad financiera, ósea que ya tienes el punto de partida y la meta a alcanzar, te he entregado múltiples opciones y conceptos importantes para poder diseñar tu propia ruta hacia la libertad financiera. Lo único que hace falta es que des el primer paso.

En este viaje hacia la libertad financiera, quiero concluir con algunas recomendaciones valiosas que te ayudarán a mantener el rumbo y alcanzar tus metas con éxito:

1. Elige herramientas tecnológicas confiables: Si planeas utilizar herramientas tecnológicas para tus ahorros e inversiones, asegúrate de que estén certificadas por las autoridades pertinentes. La seguridad es esencial para proteger tu patrimonio.
2. La educación es poder: Nunca dejes de aprender. El conocimiento es la herramienta más efectiva para reducir el riesgo de pérdida. Mantente actualizado en el mundo financiero y busca oportunidades de capacitación.
3. Comprende la diferencia entre activos y pasivos: Recuerda que la clave está en el tiempo que un activo o pasivo mantiene o multiplica su valor. Aprende a identificarlos y a tomar decisiones financieras sabias.
4. Distingue entre Gasto, Deuda e inversión: Esta comprensión cambiará radicalmente tus decisiones financieras. Saber cuándo gastar, cuándo endeudarse y cuándo invertir es fundamental para tu éxito financiero.

Con estas recomendaciones en mente, te animo a dar el primer paso en tu búsqueda de la libertad financiera. No dudes en mantenerme al tanto de tus experiencias y opiniones sobre este libro o tus estrategias a través de mis redes sociales (@miguelcarderi) o enviándome un correo a miguelcarderi@gmail.com.

Estoy aquí para apoyarte con asesorías, talleres y entrenamientos que te ayudarán a avanzar en este emocionante camino.

Recuerda que lo más importante es que logres tener esa vida que tanto has soñado, y que el dinero sólo es la herramienta que te permite alcanzarla y mantenerla.

¡Te deseo el mayor de los éxitos en este apasionante viaje hacia tus metas financieras!

Con gratitud y optimismo,

Miguel Carderi

# Sobre el autor

# Miguel Carderi

Es estratega y analista de negocios tecnológicos con experiencia de más de 10 años en este campo.

Desde el 2018, es Estratega y Asesor de finanzas personales. En Blive Solutions Group SC

COO Y SOCIO FUNDADOR DE PROTEINA LAB. Empresa de transformación empresarial WEB 3.0

Co Fundador de MAS Seguros Financieros Patrimoniales empresa de asesoría y estrategias financieras personales.

Creador de la metodología MAGIC INNOVATION MODEL la cual permite a las empresas innovar con mayor eficiencia e impacto en cada uno de sus mercados.

Autor de los libros "Innovando con Magia" y «MIM, innovando para trasformar la realidad»

Conferencista internacional con más de 200 conferencias en su carrera.

Representante de México en temas de Innovación en el FORO LAB4+ de La ALIANZA DEL PACÍFICO, por parte de ProMéxico.